极简演讲

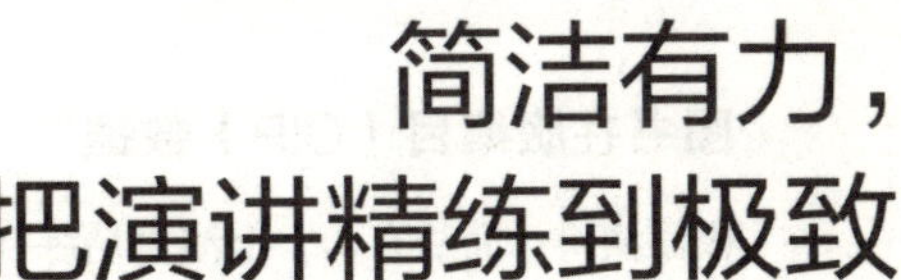

施艳丽◎著

中国纺织出版社有限公司

内 容 提 要

本书根据现代社会快节奏的发展对演讲的效果与效率提出的更高要求，讲述了提升极简演讲能力的全面技巧。全书共分为上、下两篇。上篇主要介绍极简演讲需要做的准备工作，分别从知识储备、演讲内容、演讲形式、心理准备四个维度进行详细阐述。下篇主要介绍极简演讲的构成元素，分别从开场形式、语言艺术、声音与形体技巧、控场策略和综合技巧六个维度进行详细阐述。作者结合多年演讲实战经验，高屋建瓴、逻辑缜密、言简意赅，用丰富翔实的案例支撑知识点的讲解，以前沿的观点启迪读者智慧，助力读者极简演讲技巧提升，人生成长。

图书在版编目（CIP）数据

极简演讲：简洁有力，把演讲精练到极致／施艳丽著.--北京：中国纺织出版社有限公司，2020.9
ISBN 978-7-5180-7911-7

Ⅰ.①极… Ⅱ.①施… Ⅲ.①演讲—语言艺术 Ⅳ.①H019

中国版本图书馆 CIP 数据核字（2020）第 180079 号

策划编辑：史　岩　　　责任编辑：段子君
责任校对：高　涵　　　责任印制：储志伟

中国纺织出版社有限公司出版发行
地址：北京市朝阳区百子湾东里 A407 号楼　邮政编码：100124
销售电话：010—67004422　传真：010—87155801
http://www.c-textilep.com
中国纺织出版社天猫旗舰店
官方微博 http://weibo.com/2119887771
三河市宏盛印务有限公司印刷　各地新华书店经销
2020 年 9 月第 1 版第 1 次印刷
开本：710×1000　1/16　印张：14
字数：157 千字　定价：48.00 元

前言

极短演讲，将为你创造更多成功的机会

两千多年前，墨子的弟子曾向他请教，当众话多好不好？墨子说，你看池塘里的蛤蟆和青蛙，没白没黑叫个不停，口干舌燥也没人理会。而清晨的雄鸡，只需扬脖一鸣，人们闻声便纷纷起床。你说，是话多好，还是话少好呢？弟子听后，恍然大悟。

两千多年后的今天，这种在公众场合针对某个问题进行公开讲话的方式被称为演讲。但本书中所说的演讲，并不是要像“池塘里的蛤蟆和青蛙”般没完没了地“长篇大论”，而应学习“清晨的雄鸡”那般“言简意赅”，能够随时随地完整而鲜明地发表自己的主张和见解、抒发情感或阐明事理，每一个声调都有力而高效，这就是极简演讲。

见缝插针更符合现代节奏

“从前车马很慢，书信很远，一生只够爱一个人。”

这样的年代已经一去不复返。互联网的发展早已改变了人们之间的联系方式，创造出一个全新交流环境，通过电子邮件、热门的社交软件、电话短信、手机传真、视频微博等方式，人们可以随时随地地保持即兴、高效的联系和沟通。这种碎片化的节奏使得演讲也变得越来越简短。因为演讲不再被

局限于会议室、报告厅，电梯间、飞机场、咖啡馆、餐厅，任何可以见缝插针的地方，都可能进行演讲。

相比有备而来、感觉无比庄重的演讲，身临其境、节奏明快的演讲更加简单、直接和真实，也被越来越多的人所喜欢和接受。

“讲话的能力是成名的捷径。它能使人显赫，鹤立鸡群。”

美国人类行为学家汤姆士的这段话一点也不夸张。在当今社会，演讲已经成为人们在现代社会中工作与生存的一项基本技能。比如项目竞标需要当众讲话、招商引资需要当众讲话、品牌推广需要当众讲话、团队培训等，都离不开当众讲话，也就是演讲。它可以让一个人的人格魅力更加熠熠生辉，事业一帆风顺，备受尊敬、爱戴和拥护。

世界变得越来越快，也越来越复杂，我们必须抓住每一个简短演讲的机会，最大化展现自我，让成功的可能性无限增大。

言简意赅更具有感染力

我没有别的，

我只有热血、辛劳和眼泪奉献给大家。

……

你们问：我们的目的是什么？

我可以用一个词来回答：

胜利——

不惜一切代价去争取胜利，

无论多么恐怖也要争取胜利。

这是电影《至暗时刻》中的一个演讲片段，声声惊心动魄，句句充满力量。故事再现了1940年的时局混乱，人心涣散，而时任英国首相的丘吉尔用演讲号召人们开始大撤退。这篇演讲发表之后，338226人历时9天，便顺利完成了敦刻尔克大撤退，自始至终没有开一枪。之后，在人类战争史上，敦刻尔克大撤退被誉为“败而不败的奇迹”，更成为世界历史上一个重要转折点。

作为关键的领袖人物，英国首相丘吉尔在国家最危急的时刻，内心承受着无法想象的外界压力，坚持自己的决定和选择，确实非同凡人。随着他喊出的一声“胜利”，所有听到这场演讲的人都为之热血沸腾，一个伟大的历史时刻就此诞生。在后人评说中，很多人认为，与其说丘吉尔是用执着、果断和坚定赢得了战争，倒不如说丘吉尔用他言简意赅的演讲魅力拯救了一个国家。

侃侃而谈更加引人注目

对于一位品牌营销员，因为会见客户的时间通常比较紧张。所以，在很多品牌推广演讲中，应抛弃演讲稿，而注重效率和态度的真诚。虽然这位营销员手中有厚厚的资料，但他从来都不拿出来照本宣科，而是现场根据实际情况和自己对品牌的了解程度自由发挥，短小精悍，却效果非凡。时间一长，这位营销员在客户群体中拥有了很多粉丝，他们就喜欢品牌营销员的这种极具个人色彩的简短演讲。甚至还有人专门写信告诉他，千万不要改变这种演讲方式。

由此可见，极简演讲从打草稿到脱稿的自然演讲，再从大舞台到小场合的转变过程中，能够有效提升一个人的交际能力、表达能力和思维能力等，有效增加个人魅力，让演讲成为个人事业的助推器，为今后的成功奠定基础。

试想，站在大庭广众之下，侃侃而谈，发表自己的言论，自然需要一定的胆量、学识和思维逻辑。能够做到这一点的人，总会让人刮目相看。而一个猥琐胆小的人，演讲时结结巴巴，语无伦次，个人再有魅力，在观众眼中怕也要黯淡无光了。事实上，很多政坛领袖、社会名流、商界精英之所以光彩夺目，离不开他们挥洒自如的演讲口才，这能够增加他们的影响力，最终赢得世人的仰慕和敬重。比如英国前首相撒切尔夫人，在人们眼中之所以是一个谈吐优雅、风姿绰约、待人亲切自然的女首相形象，离不开她娴熟机智的出色演讲能力。

总之，演讲是演讲者修养学识、气质风度、思想情操、口才水准、个性魅力的综合体现。同时也是演讲者的仪表、举止、礼貌、表情、谈吐的全面反映。演讲者上场，一经开口，自己的形象就会诉诸听众，直接关系着来自听众的评价与审美。所以，成功的演讲者总是能够从各个方面充分展示自己的魅力，不仅特别引人注目，而且征服听众，让他们听得如痴如醉。

施艳丽

2020年6月

上篇 极简演讲我们该准备些什么

上篇

极简演讲我们该准备些什么

第一章

台上一分钟，台下十年功

很多人都羡慕那些口才出色的演讲家、伟人和名人，他们谈吐自如、幽默睿智，慨叹自己的平庸。“问渠那得清如许？唯有源头活水来。”要拥有好的演讲口才，必须下苦功夫，勤练，多学。还需多读书，多学习社会知识，因为演讲是生活和阅历的一种集中凝练和呈现，厚积而薄发，讲起话来才会底气十足，胸有成竹，进而在演讲中大展风采，获得经久不息的掌声。

极简演讲，言简意赅才是灵魂

虽然在一些演讲中，长篇大论、妙语连珠的演讲也很受听众的欢迎，但对于极简演讲来说，则全程以简短为贵。因为在一般情况下，极简演讲就要求演讲者尽量做到言简意赅，把内容浓缩起来，直奔主题。千万不要长篇阔论，否则只会适得其反。我们可以从以下几个方面入手，让演讲更加言简意骇。

多使用概括性语言

今天，我们不要只说耶鲁的历史上出了五位总统，包括几十年来接踵入主白宫的老布什、克林顿和小布什；也不要只说耶鲁是造就首席执行官最多的大学摇篮。我们更应该记住，耶鲁的毕业生中有三位诺贝尔物理学奖、五位诺贝尔化学奖、八位诺贝尔文学奖和八十位普利策新闻奖、葛莱美奖等奖项的获奖者，耶鲁，我们的耶鲁，自始至终坚持为人类文明和社会进步服务的理念！

做为举世闻名的高等学府耶鲁大学校庆300周年的盛大典礼，校长的致辞却只有154个字，短得让现场的每一个人叫绝，不禁为其扼要的精彩而掌声不绝。台上这位满头银发、西装革履的老人，没有像人们预想的那样滔滔不绝，把耶鲁大学从创建、发展再到名扬世界的过程总结重复一遍，做一场最少两小时的演讲。只用一分钟的时间，便把这座大学三百年的辉煌历史进行了高度的浓缩、总结和回顾。

使用概括性语言，是极简演讲的精髓，正确而科学地运用概括性的语言，会让演讲更加精练，这主要有以下三个方面的作用：**一是听起来更加简洁明了。**极简演讲贵在言简意赅，演讲中注意把复杂的问题简单化。比如邓小平提出的“黑猫白猫，抓住老鼠就是好猫”，生动地诠释了“一国两制”的深刻内涵，准确把握住事物的本质，通俗易懂，客观准确，不在细枝末节上纠结。**二是听起来更加逻辑清晰。**演讲中多使用概括性的语言，能够增加演讲的条理性，概括性的语言起到“大纲”的作用，把内容归类于框架中，表达起来更加清晰而有层次感。**三是听起来更加有文采。**极简演讲虽短，但却不能因此而少了文采。概括性的语言能够体现演讲的“简洁美”“质朴美”和“精准美”，让演讲更加生动。

巧妙对比能以少胜多

在国内第一次革命战争时期，北伐军挥师北上离开广州之前，召开了一次隆重的誓师大会。会上主持人邀请瞿秋白先生上台讲话。在介绍瞿秋白先生时，主持人这样说：“现在请著名理论家、宣传家、曾多次见到列宁的瞿秋白先生，对于如何做好北伐战争宣传工作进行现场报告。”听完主持人的介绍，台下的人们充满了期待，纷纷掏出笔记本准备记录瞿秋白的报告，感觉接下来会听到一场洋洋洒洒的报告。但瞿秋白先生上台后，却只是干脆利落地说：“宣传的关键是个准字，鲁智深三拳打死镇关西，就是因为拳拳打在要害上！”

听到这样的报告，刚开始现场一片寂然，随后，立即爆发出雷鸣般的掌声，经久不息。瞿秋白先生没有苦口婆心地进行详细的指导和报告，而只是运用一个“鲁智深拳打镇关西”的文学故事进行对比，形象地指出北伐战争中宣传工作的重点和核心，加深了人们对宣传工作的理解。

“有比较才有鉴别。”运用对比的手法，在极简演讲中能够突出事物的特征，非常形象，进而达到“用最少语言”表达“最重要内容”的效果，发挥以少用多的作用。因为一个真正优秀的演讲者，绝不只是停留在口头上的表达，而应升华至概念的层次之上。这样，在演讲中要表明情感、立场和传达观点，说清楚自己支持什么、反对什么、歌颂什么，这些都需要对比的运用。高山与小草、沧海与溪流、勇敢与胆怯、正义与邪恶、伟大与渺小、慷慨与吝啬、高尚与丑陋等，这些元素一经对比则无须多言，能够给人留下深刻的印象。

用词简洁精益求精

著名演员濮存昕曾被北京市委任命为北京人艺的副院长，在就职仪式上，濮存昕只做了一个极其简短的发言：我想一个演员刚拿到剧本的时候，不会马上拿腔拿调地演起来。我这回是刚拿到剧本，还没有太多可说的。我对这个剧院非常热爱和熟悉，对创作人员和行政人员都很信任，我们会以发展的眼光和务实的精神来建设剧院。我没有新官上任的三把火，咱们事要慢慢干，话也要慢慢说。

濮存昕的这段讲话，没有一句大话、假话和空话，都是生活中大家非常熟悉的大白话，给人感觉实实在在，却感情真挚，踏踏实实，这就是简洁的作用和魅力，能够用最少的语言表达最多的内容。如果想要做到这一点，需要有两个前提：一是认真领会演讲内容。对于演讲的内容，能够预先进行认真地思考与领会，抓住核心、弄清逻辑，从而进一步明确中心，这样在演讲中才不会紊乱无序，拖泥带水。二是注意用词要精益求精。要对演讲的内容进行推敲和锤炼，尽量用一些非常短的句子，结构简单，字数比较少，这些句子可以无主语，或者是独词句也可以，这可以有效缩短演讲的篇幅，让演讲听起来更有节奏、铿锵有力，造成活泼明快、跳跃起伏的效果，增加演讲的说服力，令人更加信服。

尽量避免无谓的语句

在演讲中要尽量避免使用比如“嗯”“啊”“啥”“基本上”“你知道”“然后”“于是”等一些无谓的语句，这些词本身并没有什么价值和意义，却能够拖延演讲的节奏，让人听起来更加混乱。如果你不是因为出现紧张和忘词等现象，千万避免使用这些词语，可以适当停顿一下，给自己1~2秒的思考时间。同时，也注意不要说“对不起”“我不想这样说”之类的话，因为在演讲中进行无谓的道歉，只会让人感觉你没有为演讲做充分的准备，敷衍了草，这种态度简直是在浪费时间。同时，也从另一个侧面说明，对于这个主题，你根本没有资格谈论。所以，你的演讲也就失去了信服力。如果你在演讲中不小心说了不该说的话，那就忽略它，接着往下说，一定要避免赘语。

注重日常知识储备：你有一桶水，才能给别人一杯水

有的人非常有才华，锦绣文章提笔就来，但一张嘴不是逻辑不清，就是前言不搭后语，让人听起来不知就里；有的人在任何场合的自我介绍听起来都枯燥乏味，空洞无力，特别害怕面试官的提问；有的人被临时通知在非常有限的时间里向别人推荐公司的项目或者介绍自己的产品时，往往说不清楚，不知所云；有的人在公司开会讨论时，永远都是一声不吭，工作干得最多，却不会总结汇报；有的人在面对气场比较强的人、不熟悉的人、职位比自己高的人时，讲话就结巴、紧张、没有条理，等等。

在我们的工作和生活中，经常会遇到这样的经历，也就是说没有任何发言的准备，却需要去当众发言，很多人此时会感觉自己处于一个非常尴尬的境地：不是不想说，而是不知道说点什么。这种情况下，不是你的水平和能力差的问题，而是知识储备不足。所以，拥有丰富学识，不仅是“授业、传道、解惑”的需要，也是演讲成功的基础。

知识储备的类型

对于极短演讲来说，知识储备极为重要，只有做足了知识储备，肚子里有“货”，演讲才能胸有成竹，娓娓道来。一般而言，一个出口成章的优秀演讲者，需要储备的知识可分为三种类型：

学科性知识

学科性的知识是相对比较专业，需要演讲者对自己正在演讲的主题有着非常扎实的背景知识。比如你的演讲内容是股票行情，那么你就需要对这个行业发生的变化、未来前景，以及历史数据的趋势等了如指掌，才能做到侃侃而谈。所以，那些在媒体面前，能够清楚阐述、流畅表达且语言优雅、不失风度的政治家、专家和教授总是能够给人留下深刻的印象，正是源自自身学识的渊博。

普遍性知识

作为一个演讲者，如果你喜欢博览群书，涉猎广泛，普遍性知识丰富，那么在演讲中你的观点传达，就会更加立体、丰富和有说服力。比如，罗伯特·肯尼迪在一次极简演讲中，为了表达对去世的小马丁·路德·金的怀念，引用了他所熟悉的某位希腊诗人优美的诗句，立即让他的演讲更加动人而有文采，也增加了演讲内容的思想深度，从而打动了现场的很多人。这就是博览群书，知识丰富在演讲中发扬的作用，随时能把这些视野和见闻引用在演讲中，才能旁征博引，妙语惊人，有效提升和丰富演讲的质量和内涵。

经验性知识

俞敏洪的演讲，大家听起来总是津津有味，一点也不感觉到厌倦，这其中除了他的故事本身很励志、说话风趣幽默外，一个很重要的因素就是他的学科性知识储备充分。很多人发现，俞敏洪无论是在什么场合，一讲到学英语和新东方的教学之道总是滔滔不绝。

正如俞敏洪的演讲，因为很多经验性的知识都是他在工作中用自己的汗水和努力一点点实践和总结出来的，因此在新东方20周年庆典、亚布力企业家论坛等各种正式场合，俞敏洪都能够自如地分享自己在北大时的学习和生活，讲述自己在创建新东方时遇到的困难以及如何走向成功，如何代表老校友为北大捐款200万元等，观众总是在情绪的高潮中听得津津有味。

知识储备的方法

“我不害怕练过10000种踢技的人，但我忌惮将一种踢技练10000遍的人。”

在当今这个知识泛滥的时代，听明白李小龙的这一句话非常重要。海量的信息充斥于我们每天的工作与生活中，五花八门、各种各样的信息把个人时间塞得满满当当。如果我们不主动去学习一些自己需要的知识，很可能最后成了掰玉米的猴子，这个学一点，那个学一点，哪个都知道，却哪个也不精通。所以，一个优秀的演讲人，在做知识储备的时候，要专注于自己感兴趣的领域，运用一些知识储备的方法，才能在演讲的道路上走得更远。

知识归类化

如果我们的大脑里储存了大量的知识，处于杂乱无章的状态，像一个杂货铺，没有做知识归类，那么学习的效果就会大打折扣。比如有一天当我们要找一个需要的知识点，却只有一点印象，具体却说不出来，那么这个效果就等同于没有学习知识。科学家研究发现，人类的大脑与电脑的硬盘很相像，知识的储备要像在电脑上建立不同的文件夹一样，当你需要什么知识时，直接去文件夹里去找就可以。那么如何进行知识储备的分类呢？可以使用一些工具来实现，比如通过印象笔记，把自己看到的、听到的、有启发的内容分门别类记录下来，保存下来，把这些知识打上标签，当你下次需要了解的时候，直接打开笔记本，进行关键词检索，就可以快速找到了。

知识系统化

移动互联网时代，我们获得知识的渠道与方法越来越多，而且没有什么成本，随时随地都可以学习。表面上看来，我们学习了很多知识，实际上这些知识缺乏内在联系，像一堆零散的碎片，导致知识储备的效果没有什么深度。所以，虽然你为了成为一个优秀的演讲家付出了大量的时间做知识储备，但结果发现演讲能力增长缓慢，这种时候，你需要的不是更加努力，而是科学建立起自己的知识体系，把自己掌握的分散的、独立的知识，用逻辑连接整合在一起，构建起自己的知识体系。当我们学到一个非常有用的知识，不妨停下来想一想，它与自己以前学习到的知识，有什么样的联系，然后把这些知识整理归纳在一起。

持续性输出

高效知识储备的关键在于输出，只有不断地输出，你才能加深对知识的理解。那么在演讲中，可以通过总结、提炼后，把这些内容在演讲中运用起来，真正做到知行合一，可以有效强化刚学习的新知识。同时，也是对原来知识结构的一种重新思考和梳理，这样知识储备的效果会提升很多倍。否则这些知识很容易成为死知识，在演讲中发挥不出应有的作用。

利用“电梯时间”，快速厘清演讲思维

早上刚进公司，屁股还没有挨住板凳，领导就扔过来一句话，让你准备一下，就某项工作给大家做一下分享；在学习社群里和别人正打得火热，接到群主的邀请，希望你今晚给大家分享一下近期学习心得，给大家输出一下价值；食堂里大家正吃得开心，一位同学突然要求你给大家分享一下在单位如何才能混得风生水起。

对于我们常见的工作报告、会议讲话等要有充分的准备，甚至还可以准备书面的讲话稿照本宣科。但以上这种情况是即兴的，根本没有太多准备的时间，带有突然袭击的感觉。在这种被“逼上梁山”的情况下，当众发表极简演讲的人，表现都不尽如人意。不是无话可讲、不敢说话，就是缺乏条理、没有头绪。整个演讲下来词汇平淡，过于枯燥。这些现象的出现，归根结底都是没有厘清演讲思维的结果。如果想让自己的极短演讲能够给人留下深刻的印象，逻辑更加清楚，不妨学习利用“电梯时间”，也就是在1~2分钟内，按照以下四个步骤快速厘清思维，演讲才能有备而无患。

确定主题

极短演讲中的主题，也叫中心思想、中心观点和演讲主旨，即演讲者通过演讲想要表达的观点和思想。确定和明确主题，才能够进行下一步的思维整理。在确定主题的过程中，要注意以下两点。**一是不要一上来什么都说。**比如在工作中，需要向客户介绍产品，那么演讲的内容不需要太多，有一个内容侧重点就好，这样容易加深客户的印象。避免演讲主题大杂烩，什么都讲，导致讲半天什么也介绍不清楚，客户仍是一脸懵懂。**二是主题一定要科学正确。**极简演讲中确定的主题，一定要符合规律，跟得上时代的节奏，能够产生鼓舞力，催人上进，积极进取。

搭建框架

在极短的时间里分享和演讲，要组织好语言，还要符合逻辑，给大家带来价值。这需要先在脑子里搭建一个强有力的演讲框架。一般情况下，这种框架由场景、冲突、问题和解答组成。

比如在一个关于点读机的产品分享会上，营销员可以这样说：孩子放学回家了，把书包往沙发上一扔就出去跟同学玩了，很晚了也不回家，老师留的作业也没有完成（场景因素）。这样下去，孩子的成绩会让人非常担心，家长会焦虑不堪（冲突因素）。那么接下来该怎么办呢？怎么才能让孩子爱上写作业，快点完成老师布置的作业呢（问题因素）？最后，营销员提出了解决问题的方案，请用×××点读机（解决问题）。

简单来说，就是先呈现一个清晰的场景，梳理场景中的冲突，引发的问题，最后针对问题进行解答。有了这四个关键因素，就可以在很短的时间内搭建好框架，做一场自信满满逻辑清楚的演讲。

列好提纲

冯唐从职业经理人转型做主持人之后，做了一个叫“搜神记”的节目，第一期嘉宾请了罗振宇。节目里，冯唐要与罗振宇比赛谁演讲更厉害。在节目中，平时侃侃而谈的罗振宇却说了这样一段话："一个两小时的演讲，理论上我是要准备两百个小时以上，我这个人其实心理素质不好，所以我一定要把这个事情准备到九十分，我要是准备成六十分，我上台就一定不及格。"

罗振宇是一个自带喜感，张嘴就是段子的人，为了演讲都要进行相当充分和认真的准备，更不要说我们这些普通人了。由此可知，与任何一个技能一样，演讲也需要不断地实践和积累，才能一点点升级你的演讲水平。而对于大多数没有多少准备时间的极简演讲来说，在快速整理思维的过程中，列好提纲，把每一个重点内容进行细分，至关重要。而一个完整的演讲提纲可分为四个环节。以"早起"这个演讲主题为例：**一是开场环节。**在这个环节要对个人进行介绍，把姓名、职业、兴趣爱好等都列出来，最好与主题相关，二者之间尽量找到联系点。比如你的个人介绍，可以从"我是一个喜欢早起的人"开始。**二是引出主题。**要想好如何引出主题，是通过互动来引出？还是自我介绍来引出？如果是通过互动引出，那么可以现场提问一下6点起床的有多少人、7点起床的有多少人，然后根据互动的结果引出主题。**三是演讲内容。**围绕"早起"，从自己的亲身经历、提高时间效率 、有时间做早餐、可以进行晨练、提高身体素质等方面来说明早起的好处。**四是结尾部分。**结尾部分要对演讲内容进行总结，可以给出合理、充分的理由，让听众明白为什么应该听从你的建议，这些内容与他们有什么利害关系，他们会收获什么，失去什么，它为什么重要，让听众最终产生情感共鸣，进一步升华演讲主题，加深人们对演讲的记忆，为最终赢得演讲的胜利奠定基础。

完善优化

经过以上三个整理思维的步骤，一个顺利的极简演讲基本已经准备好了。

但如果想给人留下深刻的印象，还需要在一些细节上优化。比如在演讲的过程中，要多用一些案例和故事，或者身边的人都非常熟悉的事情，这能够有效引起听众兴趣。

要给别人一杯水，自己先得有一桶水

历史上有很多知名的演讲家，同时也是伟大的思想家。如马克思、西塞罗、恩格斯、德摩斯梯尼等，他们的演讲之所以深入人心，是因为他们演讲的内容无不闪烁着真理、智慧和科学的光芒。我们这里所说的思想情操，指的正是演讲者本身一定要具备先进的思想，才能高瞻远瞩，植入听众的心中，影响到听众的一言一行。同时，当前信息科技高度发达，新现象、新科学和新知识不断涌现，对演讲者的思想情操又提出了更高的要求。正如“要给别人一杯水，自己先得有一桶水”，演讲者必须能够快速接受各种新科学、新方法和新思想，识前人所未识，讲前人所未讲。

观古今于须臾，抚四海于一瞬

“想象能力能使一切片段的事物变为完全的整体，使缺陷世界变为完满世界。它能使一切事物都完整化，甚至也使无限的、无所不包的宇宙变得完整。”

这是法国评论家让·保罗说过的一句话，对于演讲来说也是同样道理。丰富的想象力是保证演讲生动、有趣和充实的关键。因为想象力是在一定条件的刺激下，回忆和联想起所有相关的思想感情和生活经验，能够切实增强演讲的情感色彩和演讲的生动性。它如同是“时光穿梭机”，可以纵横千古，融古贯今，做到“观古今于须臾，抚四海于一瞬”。

甚至，爱因斯坦认为，相比知识来说，想象力更为重要。因为，知识相对来讲是有限的，是一种概括。而想象力则是没有边际的，可以概括世界上所有的一切，推动社会的进步。而在演讲中，演讲者只有拥有丰富的想象力，个人思维才能更活跃，将演讲相关内容通过严谨的构思巧妙地组合起来，浑然一体，从而增强演讲的深度与广度。

口若悬河的秘密是过硬的记忆力

记忆力，对于演讲者来说至关重要，很多演讲者被人称赞出口成章，口若悬河，好像永远都有内容可说，这其实都源于演讲者过硬的记忆力。主要体现在两个方面：一方面是在演讲的准备阶段。此时的演讲者会通过各种渠道来丰富自己的知识和见识，广泛阅历，储存了很多素材，对社会生活的方方面都了如指掌。丰富而复杂，了然于心。一旦开始演讲，涉及相关的知识，必然会把记忆中的内容淋漓尽致地呈现，使演讲的内容离人们的生活很近，且形式更加生动活泼。另一方面是在演讲的过程中。这时也需要有较强的记忆力，否则很有可能脑子空空的，没有一点可用的知识，遇到卡顿和忘词，演讲难免就会丢三落四，滥竽充数，这样的演讲自然激发不起听众的兴趣。同时，演讲激情起来如同江河奔流，不时有灵感迸出，演讲者演讲时，如果记忆力不好，很可能会忘记演讲的主题，从而产生南辕北辙的效果。可见在演讲的整个过程中，都离不开较强的记忆力，这样演讲起来才能左右开弓，游刃有余。

观察力贯穿演讲始终

某位演讲者给听众演讲与“美”相关的内容，当他步入现场之后，发现墙上有一道亮光闪过，仔细一看原来听众中有一位年轻的女士正拿着一个小镜子补妆，在灯光的照耀下，墙上出现了一个反光点。细心的演讲者看到之后，灵光一闪，马上对自己演讲的内容临时做了调整，触景生情，从这道“白光”缘何出现谈起，表明爱美之心人皆有之，然后切入正题。这样生动切入主题的方式，使演讲在一种和谐融洽的气氛中顺利进行，取得了理想的效果。

由此可见，对于演讲者来说，观察力是不可或缺的能力之一，从演讲最初动机萌发、主题的确定到材料的选取，每一个环节，都渗透着观察的痕迹。演讲者的观察力可以从三个方面来培养：**一是演讲准备时。**善于从平平淡淡的生活中挖掘大量演讲素材，加以分析和判断之后，从中发现普适性道理和规律，从而让演讲更具有说服性。而观察能力不足的演讲者，缺少自己的思想和观点，容易陷入人云亦云的境地，难以创新。**二是演讲进行中。**“既然产生一种活的实践效果，演说家首先就要充分考虑到演讲场合以及听众的理解力和一般性格，否则他的语调就会由于对时间、地点和听众都不适合而不能达到所期待的实践效果。”黑格尔的这段话，指出观察力是决定演讲效果的重要因素，同时也指出演讲者要把自己的观察点放在听众的感觉上面，随时注意了解听众心理、表情及现场气氛的变化，及时调整演讲方式、内容和节奏。**三是演讲结束之后。**演讲者在演讲之后，也要细致地观察周围的情况，加以综合分析，找出演讲中的不足，吸取经验，在今后的演讲中注意克服和改进，使演讲水平更臻于成熟。

第二章

突出主题，演讲才有灵魂

你是否遇到过这样的情况：演讲的内容非常精彩，却不能引起听众的情感共鸣，最终平淡收场。这就是演讲中没有很好地突出演讲主题。对于极简演讲来说，要想在极短的时间里有效抓住听众的心，这一点显得尤为重要。所以，每一次演讲都有一个鲜明而集中的主题，无论是对材料的取舍和安排，还是对语言的选择和运用，都必须服从表达主题的需要，才能够使演讲光彩夺目，更好地引起听众的关注，留下深刻的印象。

没有主题的演讲，味同嚼蜡

苹果之父乔布斯的演讲，每次开始之前都要先设定一个主题，直接告诉他的听众，自己接下来要演讲的内容是什么，让大家做到心中有数，听起来逻辑会非常清晰。比如乔布斯在一次演讲中，寥寥数语之后，直接切入了演讲的主题，即“如何让苹果重振旗鼓”；告诉听众自己演讲的主题之后，他马上开始介绍下一步将要采取的一些措施，语言质朴且真诚，打动和说服了在场的每一个人。

由此可见，一场演讲中贯穿全篇的中心思想就是演讲的主题，它不是外来思想的植入，而是通过演讲的具体内容、相关素材表现出来的。没有主题的演讲，味同嚼蜡。主题在演讲中的作用主要体现在以下几个方面。

主题决定演讲价值

通常来说，演讲主题是否正确和深刻，决定着演讲的质量、水平和价值的大小，主要从两方面来衡量。**一是演讲主题正能量。**如果演讲主题观点偏激、观点不全面，即使素材再丰富、结构再紧密、语言再生动也只能是白搭功夫。比如某营销经验分享会上，有营销人员演讲的主题是：什么样的客户好“骗”。虽然“骗”字加了引号，但听起来还是让人感觉不舒服，客户只有靠真诚和热情来打动，为啥要“骗”呢？听众虽然很好奇，但心里有不认同的想法，这样的演讲效果自然也好不到哪儿去。**二是演讲主题深刻。**如果演讲的主题非常低俗和肤浅，只会引起听众的反感，唤不起任何兴趣。所以，演讲者无论是叙事、讲人、论理，都不能只停留在表面现象，应充分挖掘事物的本质，选择那些对社会进步有积极促进作用的主题，演讲才能够显示出强大的生命力。

主题能够统率全局

主题在演讲的五大要素中，居材料、结构、思路、语言之首，处于统帅和统管的地位，是演讲的灵魂，渗透在演讲的每一个环节之中，决定着材料的结构、选择和思路的选择。以演讲思路的确定为例，不同的主题会对应选择不同的演讲思路。

主题决定演讲思路

比如关于宣扬个人观点的演讲，那么根据主题演讲者的某个观点，演讲者确定的演讲思路是：先抛出问题引起听众思考——列举反面事例，让支持反面观点的听众开始怀疑自己曾经的主张——再列举正面事例，让听众了解演讲者的观点——用论证法证明演讲者观点的正确性，让听众信服演讲者的观点。

再比如，一个关于竞聘上岗的演讲，主题是突出自己对这份工作的认知，那么根据这个主题，演讲者确定的演讲思路是：介绍自己参加竞聘的心态——介绍个人以往的工作和学习成果——阐述自己对这份工作的认识和表态，说明如果本次竞聘成功，自己将如何做。

主题决定材料的取舍

对于演讲者来说，演讲的素材随处可见，日常生活中，大量的演讲素材随手可取。但这些素材是碎片化、分散而孤立的。如果想要在演讲中发挥出好的作用，就需要对这些材料进行取舍，而这种取舍是以确定好演讲主题为前提的。只有根据主题的需要选取的素材，经过加工和提炼之后，才能够成为生动的、富有活力的、体现主题内涵的有机载体。

主题决定结构安排

对于主题来说，演讲结构就是演讲主题的骨架，是演讲主题表述的外部形态。所以，只有演讲主题确定之后，演讲的结构才能够确定。可以这么说，任何一个演讲主题都要求与其相对应的组织结构，演讲主题一旦改变，演讲稿的结构也必须随之进行相应的调整。

主题决定语言运用

演讲的语言可分为叙事性、描写性、告知性、说理性、抒情性等类型，都是为演讲主题而服务的。不同的主题，必须对应选择不同的语言。比如演讲主题是偏向抒情类的，像《妈妈，您是我永远的牵挂》，那么这场演讲必须以使用抒情性的语言为主，才能够很好地突出主题。如果这场演讲用说理性的语言为主，那么演讲可能会给人“驴唇不对马嘴”的感觉，不仅不会突出主题，引起情感共鸣，而且很可能让听众一头雾水。

主题决定演讲题目

演讲的题目，是演讲者给演讲树起的一面旗帜，与演讲形式相关，还与演讲的风格、内容、情调等有着更为直接的关系。演讲的题目一定是来自演讲主题，是一个演讲主题比较鲜明的外在呈现。一个生动、新颖、恰当而富有吸引力的题目，其实是对演讲主题的概括，在演讲前能给听众一个非常强烈信号，使人急欲一听。同时，在演讲结束之后，还能给人留下永久的记忆，甚至可以成为警句流传广泛。

综上所述，基于演讲主题在演讲中的重要作用，演讲者要时刻围绕这个主题进行演讲，不能跑偏。

掌握人类四种基本需求，主题更具吸引力

极简演讲通常只有10分钟左右的时间，而在这10分钟里，听众能够真正保持注意力的时间不足2分钟，剩下80%的时间都在“走神”。所以，如果想要演讲成功，提升主题的吸引力，紧抓住听众的注意力比什么都重要。有数据统计，那些激励人们提升自我价值、更好地改造自我、关注人类的精神、创新聊天、幸福感、领导力、成功、激励和自尊等主题的演讲，总是会赢得人们的注意力，而这些具有吸引力的主题都来源于人类的四种基本需求。

爱和归属感

全球最大的职业社交网络LinkedIn（领英）上，曾有人为了理解幸福背后的秘密，发布过一个问题：“什么让你快乐？”通过对答案的整理，得出如下数据：

与家庭成员、朋友、宠物之间的互动（30.4%）；

体验大自然（12%）；

慈善机构和志愿者服务（10.9%）；

完成工作的满足感（9.8%）；

通过培训、指导和写作来激励他人（7.6%）；

反思和学习（7.6%）；

正念和“活在当下”（6.5%）；

身体健康，尤其是在近期生病或患有慢性疾病的人群中（5.4%）；

生理的愉悦和锻炼（5.4%）；

自我表现（2.2%）；

良好的财务状况（2.2%）。

由数据可见，在与他人交往的感受中，爱和归属感占据主要地位，这与美国著名心理学家马斯洛的研究成果是一致的。“爱和归属”是人类重要的心理需要。所以情感类的演讲主题，常常被演讲者采用，特别是关于亲情、爱情、友情等方面的，使用频率都比较高。比如，某位演讲者在演讲中提到自己的母亲非常不容易，中年离异后，靠着打零工和在街头卖菜拉扯自己长大，突出“天下母亲都伟大”的演讲主题。也有演讲者分享在自己人生的困难时刻，幸亏有某位朋友的慷慨解囊才渡过难关等，突出“朋友不在多，而在于精”的演讲主题，都给听众留下深刻的印象，有的听众甚至为之动容而流下感动的眼泪。

欲望和私心

第二个人类基本需求是欲望和私心，这也就是为什么那些鼓舞人心、赚钱创业、克服自身压力和励志追求自己梦想的演讲比较多。所以，在确定演讲主题时，尤其面对特定的人群，要切合实际，选择的主题要与听众的切身利益相关。比如面对一群大学生演讲，那么可以选择一些跟择业、学业有关的主题，或者如何进行高效学习、主题阅读，如何快速记忆等。再如，当你在基层企业举办的公益课堂上给一线员工培训时，应该讲一些关于劳动法、如何保护自己的合法权益、如何跟公司谈薪酬等方面的主题，一定会受到热烈的欢迎。

促进个人发展

每个人都对自身充满好奇，想要获得不断的学习与成长，愿意迎接挑战并且最终克服自身的局限性。所以，如果你有一个能帮助他们完成设定目标的方法，也就找到了一个非常优秀的极简演讲素材。这个话题也经常被演讲者使用，因为无论我们是谁，身份如何，都会积极思考人生、热烈憧憬未来。

但是人生是一个大话题，里面包含着很多小的内容，比如，命运与追求、爱情与事业、圈子与环境、吃苦与吃亏、成功与成才等。讲述如何在这些方面取得成功的演讲主题总是受到人们的追捧和喜欢。所以，如果你是某方面的行家能手，有机会接受邀请，登台亮相现身说法，将自己在追求成功的道路上遇到的种种挫折和困难，以及如何一一化解，最终赢得胜利的历程分享给听众，即使你的演讲技能有所欠缺，但你的演讲还是会引起听众浓厚的兴趣和高度重视，演讲也一定能取得预期的效果。

情怀与信仰

每一个人都有自己的情怀与信仰，因为人来到这个世界，并不是孤立存在的，而是处于一个团体和环境当中，有自己的国家、自己的民族、自己的文化等。所以我们的演讲主题不能只局限于个人，可以从祖国的未来、民族的发展和文化的传承等方面入手，引发听众的共鸣。比如有演讲者经常在机关单位演讲，他们选择的主题总是与情怀和信仰相关，比如：

“美国在南海围堵中国为什么失败了？”

“中国台湾何时回归？”

“中国梦到底是什么样子？”

“中华文化为什么能够传承五千多年？”

这种类型的演讲主题，因为非常容易引起大家的注意，但做这类主题要做充分的知识储备。同时，在陈述事实的时候，一定要注意重新改造经验中已经存在的东西，使听众产生与你相同的感受。也可以把自己的经验戏剧化地表达出来，让它们听起来更有趣，也更有力量。比如奥巴马在2008年总统竞选演讲中，一直把“希望与变革”这个口号作为其演讲中最核心的内容，不管是政治立场、社会活动，还是宗教信仰，其演讲的核心力量都来源于此。如此情怀引导，帮助奥巴马赢得了很多选票。

综上所述，只要你把握好以上四种人类的基本心理需求，让听众始终好奇地听下去，那么你的演讲将会是成功的。

不可忽视主题词在突出主题中的作用

演讲主词是突出演讲重点、反映演讲意图和体现演讲风格的核心词汇，虽然与演讲的主题不一样，但却能够很好地揭示、深化演讲主题，还可以扩大主题的感染力。在古今中外很多非常著名的演讲中，往往都通过设置和运用演讲主题词的方法，使演讲的内容更加凝练集中，主题更加鲜明。

揭示演讲主题的精髓

在美国历届总统的就职演说中，在条分缕析、层层推进的过程中，少不了准确而恰当的主题词。这些主题词构成了整个演讲的核心内容，其中最多的就是“平等”“自由”“民主”“世界秩序”等词汇，因为美国文化的核心内容就是民主、平等和自由，所以选择这些词汇作为就职演讲的主题词，既是对美国文化、传统价值观的宏扬与强调，也是通过演讲宣扬执政理念的重要方法。而且，总统就职演讲并不代表个人，而是代表新一届政权和组织，所以这个演讲主题必须尊重和符合美国的文化、政治制度等，这样才能够获得认同感，产生影响力。

由此可见，一场成功的演讲要有深刻而鲜明的主题 ，而演讲主题则由不同的演讲主题词组成，这些主题词能够从不同的角度、层面、方向对演讲主题进行准确而深刻的诠释，二者之间是相互影响、相互制约的关系。所以，认真选择主题词，反复锤炼，是成功演讲的前提。

深化演讲主题的内容

林肯在1863年发表的著名《在葛底斯堡国家公墓落成典礼上的演说》，诞生于美国南北战争的烽火硝烟中，在战争中最残酷激烈的时候，林肯满怀深情追忆和缅怀为了国家的统一和民族进步而英勇献身的勇士，赞美和讴歌他们的丰功伟绩。林肯在演讲中号召："我们这些依然活着的人，应该把自己奉献于那些勇士们已经向前推进但尚未完成的崇高事业。我们应该在这里把自己奉献于仍然摆在我们面前的伟大任务，我们要从那些光荣牺牲的勇士身上汲取更多的奉献精神，来完成他们投入毕生精力并为之献身的事业。"在这篇演讲中，演讲者选用"奉献"这一主题词，既是对先烈们无私奉献的充分肯定和热情讴歌，更是一种献身精神。整场演讲所讴歌与倡导的，是一种优秀的人格、可贵的情操、高尚的品德、崇高的精神。演讲者对于"奉献"的解读，既有强烈的逻辑思辨色彩，又具有使人振奋的情感力量。

由此可见，演讲主题词在演讲中对于形成演讲立论中心具有最基本的作用，是演讲者抒发情感、阐述思想的出发点，也是演讲主题的切入点和立足点，所有演讲的内容必须围绕这一点来展开。而以主题词为核心的演讲，能够从纵深层次上对演讲者的情感、思想进行深度的解析，帮助听众接受演讲者的观点并融入其中。因此，对演讲主题的解析也是对演讲主题的不断探求和深入。在不同主题的演讲中，主题词往往具有不同的形态。通常思想深邃、观点集中、立论鲜明的演讲，其主题词更具有抽象性和概括性的特征，它是演讲者思想和认识的结晶。而情感真挚、注重文采的演讲，其主题词的意象性特点更突出。面对不同对象、在不同场合、基于不同目的，演讲主题词的选用有着明显的区别。抽象性和概括性强的主题词，演讲内容往往特别关注演讲的逻辑和思辨，演讲主题紧扣主题词展开。情感性和审美性较强的演讲，往往注重围绕主题来铺陈意象，主题词即演讲者情感的载体，也是演讲中具有审美特征的意象。

扩大演讲主题的感染力

比如1978年，郭沫若先生在全国科学大会上，用《科学的春天》为题作闭幕演讲，其以飞扬的文采、真挚的感情和深远的立意而成为演讲精品。全篇以“春天”为主题词，一方面，春雷震动，万物复苏象征着经历了十年浩劫的中华民族终于迎来了历史上最灿烂的科学的春天，值得一个民族为之欢欣鼓舞。另一方面，象征着希望，象征着播种和耕耘，更象征着经历了三九严寒以后，重新焕发出的勃勃生机与顽强活力。“春天”的主题词纵贯全篇，抒发了演讲者的一腔豪情，激励并感染了千千万万的科学工作者焕发青春，为祖国的科学现代化作出自己的贡献。

演讲中最打动人心的力量，有一部分是来自真挚的情感抒发，也有一部分来自雄辩的思想观点。演讲非常注重临场效果，要求必须像郭沫若先生的这场演讲一样，能够从内心深处唤起听众的共鸣和回应，这样才能够在无形之中扩大演讲主题的感染力。因此，演讲应自始至终把情感抒发作为根本目标之一，使用主题词能够在最短的时间里用最简捷的方法，产生最强烈的情感影响效果。恰当的主题词或使人潸然泪下，或使人精神振奋，或使人感同身受，或使人激情澎湃。在特定的时空中，主题词既是演讲者情感的承载体，更是听众情感的催化剂。所以，选择和锤炼恰当的主题词，可以准确地抒发演讲者的情感，扩大演讲主题的情感张力，对听众的情感起到很好的激发和激励作用，使演讲者与听众产生情感上的共鸣。

主题重复！重复！重复！再重复

“你没有第二次机会给人留下第一印象。”

英国的这句谚语揭示了演讲的真谛，演讲者要尽可能在一次表达中就让听众过耳不忘。因为，对于演讲者来说，演讲中最大的挑战和难题是听众记不住演讲的内容，其中90%的内容都会被遗忘。那么，演讲者可以运用重复的技巧，将要传达的主题化繁为简，让听众记住演讲的主题。同时，还可以提升演讲的激情，感染听众，做到“一鸣惊人”。比如马丁·路德·金最著名的演讲《我有一个梦想》，在他的这场演讲中，不断地重复“我有一个梦想，有一天……”不断强化最想让听众感知的内容，进而确立并推进演讲主题。一般情况下，运用在演讲中的重复主要有以下几种表达方式。

句首重复

最好的书最能激励我们，使我们下最大的决心去从事某一件事情，使我们自己成为某方面出色的人。最好的书能把我们提高到一个更高的层次，呼吸更为清新的空气。

演讲中，确定某个词语或者一个短句子，在演讲的开头不断重复，使听众对演讲的主题加深印象。因此，在演讲中，人们常采用这种句首重复的方法。

句末重复

“如果奴隶制不是错误的，那么就没有什么是错误的了。”

与句首重复相反，为了将某种思想表达得更加透彻明了，演说者常常像林肯的演讲一样，连续在几个句子或语段中的末尾都使用同一个词语或句子，以对这一观点进行反复的陈述，使听众得到更全面、更深刻的认识。

首末重复

“如果他想飘入仙境，他就看书。如果他想投入激烈的战斗，他就看书。如果他想飞上天，他就看书。”

这段演讲中的重复，是将一段话开头的要素在末尾再重复一次，演讲中叫作首末重复法。首末重复法有利于语言的音韵对称呼应，朗朗上口。而且还可以突出相邻几句内在的逻辑或情感联系，甚至组成对称，这种重复的目的在于强调演讲主题所包含的肯定论断。因此，它常常用于坚持己见，或者说服性的演讲中。

蝉联重复

“他仍然寻求荣誉。而荣誉，是高尚的人们的最后一个弱点。”

这段演讲中的重复叫蝉联式重复，又称为顶针或联珠修辞，它的表现形式为：后一句的开头是前一句末尾的词语，两个邻接的句子形成首尾蝉联，以达到突出主题的目的。在极简演讲中，人们非常喜欢运用这种蝉联重复来强调演讲主题。

间隔重复

我们是凡人，而凡人远非十全十美。作为凡人意味着我们会犯错误，但我们觉得自己是凡人，不仅仅在于会犯错误而已。因为，我们如今感到自己有权利犯错误。

这段演讲中的重复是在一段话中将相同的词语隔离开来使用，中间插进其他的词语，或者次序发生变化，这就是间隔重复法。间隔重复能使演说词音调铿锵，节奏鲜明，给人以强大的感染力。因此，很多演说家喜欢在演说中运用这种修辞手法。上文这个案例中，演讲者在这段演讲中，三次间隔重复运用了“犯错误”这个词，强调人本来就是会犯错误的，不过话题一转，变成人们“有权”犯错误，出其不意地提出了一个新的视角，突出了主题，给广大听众留下了深刻的印象。

逆转反复

“到处都一样，犯罪与背叛，背叛与犯罪。”

这段演讲中的句子，两个语言单位通过互相交换位置构成反复，这种反复叫作逆转反复。它在极简演说中的应用能起到增强语气和语势，抒发强烈情感的目的，使演讲更加新鲜活泼，意蕴优美，从而增强说服力和感染力，有效提升自己的演讲水平。

综上所述，在演讲中为了达到重复主题的效果，要注意两点：一是要在演讲中多运用一些内容概括的方法来明确演讲主题，进一步浓缩主题，对整篇演讲内容进行全面的总结概括，减少使用描述性语言，才能引导受众更好地关注和感知演讲的主题。二是演讲的重复并不代表洋洋洒洒，而应是简短有力的，否则只会招来听众的反感，听完了也不会留下什么印象。

第三章

言之有物，才是好的演讲

自从人类产生了语言，演讲也随之诞生，而希腊是世界公认的演讲的发源地。为了治理国家，古希腊人经常聚在一起发表一些观点和思想，演讲就是他们治理国家的工具，具有很强的目的性。甚至在一些古希腊国家管理者眼中，相比打仗，有价值的演讲更有威力，他们把舌头当作利剑。所以，演讲必须有价值，否则不过是无稽之谈。

无价值，不演讲

再小的个体，也有自己的品牌。在我们的工作和生活中，需要演讲的场合很多，那些会演讲的人会因此而受到青睐，进而获得更多的资源和机会。但演讲并不是单纯地站在人群中陈述一个话题如此简单，而是通过分享独特的思考、体验和感悟，表达出有价值的内容，也就是说能够给予听众价值，让听众愿意花宝贵的时间坐在那儿聆听你的演讲。

设想一下，如果你手里拿的不是广告和传单，而是一本非常有内涵的书，大家都急着要买，那么你的心态肯定会从容自信很多。所以，很多人之所以害怕演讲，其原因就是不够自信，觉得不能给他人提供价值，或者没有接收到他人对自己价值的回馈与认可。意识到这一点，你就会觉得演讲并不是那么难，而且能够给听众一个礼物。因为，演讲中缺少的不是套路和技巧，而是如何从自身的经历和思考中发掘有价值的思想，并通过清晰的主线和结构表达出来。那么，怎么才能给予听众价值，让演讲更富有魅力呢？可以从以下三个方面来与听众建立连接和共鸣，并提供价值。

由事及理，传递社会价值

猝死并不稀奇，但令人惋惜的是猝死者正当年，是单位的柱子、家里的天。翻看他们的历史，经常熬夜，频繁加班，工作很拼，操劳过度，也就是我们常说的过劳。“过劳死”不是一个疾病，而是一种现象。从法律角度定义，是指用人单位违反国家相关法律法规，强令或变相强令劳动者超出正常工作时间和劳动强度，从而使劳动者的正常工作规律和生活规律遭到破坏，体内疲劳蓄积并向过劳状态转移，导致血压升高、动脉硬化加剧，最终导致死亡。在医疗行业或其他肩负重大社会责任的行业，强令或变相强令过劳的现象屡见不鲜，“周六保证不休息，周日休息不保证”，似乎成了流行语和流行现象，许多精英倒在了这种“杀鸡取卵”式的工作制度中。我们说不要带血的GDP，同样，我们也不要伤痕累累的成功和财富！

在这篇演讲中，围绕“过劳死”这种当前社会比较普遍的现象，从猝死者大多是青壮年的现实入手，指出这种“拿命换钱”式的工作制度不可取，进而希望能够引起听众的高度重视，从而实现了演讲的社会价值。这种事理结合的演讲方法，因为是以听众熟悉的生活场景和事件为前提，一方面可以让听众感兴趣，另一方面从事件中提炼出的社会价值，更具有说服力，能够让听众心服口服。

情理交融，涵养道理价值

早上醒来的时候，所有的为什么都有了答案：因为，我愿意。我愿意那种早上起来不再想赖在床上一秒钟的感觉；我愿意那种想到当天的工作就充满期待、充满兴奋的状态；我愿意看着镜子里虽然累得像条狗，但依然能够笑出声的那个样子。因为我在实现自己的梦想，我在一步一步地接近它。这就是我个人生涯中特别短暂的一段跨界经历。跨出界外，回头望去，我发现，舒适区一定不长久，安全区一定不安全。过去有多少铁饭碗、金饭碗，现在变成了瓷饭碗、泥饭碗。过去多少公司如日中天，柯达、诺基亚，现在一转眼间他们消失在历史的背影里。古罗马的声色犬马，古巴比伦的纵情享乐，回头望去灰飞烟灭。无论个人还是企业，还是国家、民族，都必须做一件事情，那就是不断地突破，不断地融合，不断地改变，不断地走出你自我封闭的界限。原因也很简单，因为若不跨就会挂！

危险区与舒适圈是任何人都要面临的考验。这篇《翻越舒适圈》的演讲，演讲者指出只有不断地融合、突破和改变，才能走出自我封闭的怪圈，引出“生于忧患，死于安乐”的道理价值。提醒听众不要贪图安逸，应常存忧患意识，从而用事实感染听众，进而认可其道理。

理据兼备，彰显文化价值

中日韩三国都在儒家文化圈，但侧重点不同：日本侧重忠，韩国侧重孝，我们侧重义。日本人由于忠诚，社会管理成本极低；我们不重忠诚，所以社会管理成本巨大，在中国能管10个人，到日本就能管500人。经济危机时，韩国、日本的很多企业员工愿意与企业共存亡，愿意减薪一半跟老板渡过难关。我们能吗？讲究孝道，跟韩国不能比，你看韩国电视剧，孝道是第一位的，每个人进屋第一件事要向长辈请安。我们有吗？我们的电视剧里，永远是儿女跟爹妈大喊大叫，少有社会秩序。社会若没有忠又没有孝，就剩下一个功利的“义”：当我跟你讲义气的时候，是求回报的。

马未都这篇《在功利时代独善其身》的演讲，将在儒家文化圈的中日韩三个国家分别进行比较，彰显出传承“忠”“孝”“义”文化的价值和重要性。由此可见，演讲时要尽量选取无可辩驳的事实作为论据，可以有效避免空洞无物，还可以让观众认同演讲者的价值，进而对演讲者所讲的道理心口皆服。

打动人心，可以从自身说起

对于演讲来说，要求必须言之有物。但要做到这一点需要丰富的信息源，在寻找和发现的过程中，很多演讲者却忽视了“自身”这个最熟悉的信息源。好的演讲并不光靠归纳和热情，也需要强有力的材料来论证和支持观点，而最好的论据则来源于“自身”。所以，演讲中如果能恰如其分地联系“自身”，更容易获得听众的认可与共鸣。可以从以下三个方面从“自身”说起。

从我说起，观点更有信服力

多年以来，我们得到的消息是，肉、蛋和奶酪对我们不利，说我们应该吃更多的碳水化合物类食物，比如麦片、谷物和面食及大米。但是，太多的碳水化合物类食物会使我们的身体失去平衡，让你身心疲惫，体重过大。你希望有更多的能量吗？你希望有更好的注意力，得到更好的学习成绩吗？你希望吃到丰盛的饭菜，但仍然能够消除那些不雅观的赘肉吗？如果是这样，你应该摄取更多的蛋白质。我使用一种高蛋白质的营养食法已经有六个月了，听课的感觉和学习的顺利从来没有像现在这样好过！

这是一位健美主义者的演讲，她正在使用一种高蛋白的营养饮食法。如果她没有结合自身，只讲高蛋白营养饮食法如何健康，很多听众并不一定认可。因为，在听众看来，这位健美主义者显然不是权威专家，虽然很多证据证明需要平衡碳水化合物和蛋白质的消耗，但是，也有很多营养学家警告过过度摄取蛋白质的危险，所以她的观点自然便失去了说服力。而且，对身体健康有益的饮食法还有很多种，这些方法都宣称可以创造奇迹，为什么听众要采取她的建议呢？但听到这位健美主义者说已经使用这个饮食方法六个月了，听众立刻来了兴趣。

信手拈来，结构更加灵活多变

今天早晨，我走出旅馆的时候，看门人问我："将军，您上哪儿去？"一听说我到西点去，他说："那是一个好地方，您从前去过吗？"这样的荣誉是没有人不深受感动的。长期以来，我从事这个职业，我又如此热爱这个民族，我无法用语言来表达我的感情。

这是美国军事家麦克阿瑟的著名演讲《责任—荣誉—国家》的开头部分。82岁的麦克阿瑟，回到自己的母校西点军校，在接受学校颁发的勋章时作了以上的演讲。这篇演讲非常自然随和，从自身开始，看似平淡无奇，其中却饱含了演讲者的深厚情感，由此引出"责任—荣誉—国家"这个神圣而庄严的主题。这样演讲的感情由淡及浓，立意由浅入深，让听众回味无穷。

演讲最忌模式化，缺少生气和新意，让演讲陷入一成不变的格式，死气沉沉的氛围只会让听众感觉寡味、生硬和难以接受。而从"自身"说起，可以让演讲的方式灵活起来。"从我说起"包括描述自己的感受、叙述自己的经历、论述自己的观点、抒发自己的情感等，这些"自身"信息可以在演讲的任何一个部分出现，包括开头、中间和结尾，灵活运用和穿插，让演讲更富现场感，更容易为听众理解和接受。

个人色彩，论事更加真实可信

在演讲中，演讲者要让听众接受自己的观点，就要拿出有理有据的内容来，才能更加真实可信。因为人们对事物的认识都有一个循序渐进的过程，听众必须先信而服，这是正常的心理接受规律。所以，我们在演讲中要尽量选择与“自身”相关的一些人、事、物来讲，让听众更加相信演讲的内容，在丰富情感认同的基础上，接受演讲者的理性启发。

如果有一件事，比过去三年中所发生的任何一件事都使我感到自豪的话，这就是我一直避免介入以色列国防军内部的任何特殊集团。相反，我一直在独立工作。我始终坚持认为，我属于的唯一组织是我的家庭。我一直主张，一个男人必须说出自己的观点，尔后才能为之而战。

这是以色列的沙龙将军的一段演讲，这位“无法无天的大兵”在告别军旅生涯时，联系自身实际，对以色列军内高层领导拉帮结派、排斥异己的行径强烈不满，整篇演讲展现了沙龙将军桀骜不驯、直言不讳的性格，使得演讲因其鲜明的个性特色而为人所称道。

没有真实，演讲就失去了生命力

任何一个人对虚伪的言辞都不感兴趣。演讲中，不能一味注重技巧，为了达到听起来很好听的效果，去拼凑和堆砌一些漂亮的词句和华而不实的内容，实质内容却空泛和造作，经不住仔细推敲。所以，演讲者在演讲中必须真实，把自己拥有的思想、感觉和经验整理出来，更能受到听众的喜爱。可以从以下三个方面来增加演讲的真实感。

不妨适当“口吃”

“论人格、见识、健康、热忱和做事能力，候选人王先生都是公认的一流人才，这是不用我多费口舌的。但是王先生正陷于孤立无援的苦战中，但愿诸位先生能把最诚意、热心的一票，赐给候选人王先生！在此，先向各位致以深深的谢意。”

这段演讲非常流畅，并且听起来简洁干练，但总让人感觉流于形式和客套，少了一些真诚。

“我是新华商场的负责人，姓杨，为了我的好友候选人李先生，今天特地前来为他助选。我们店的人都举荐李先生，盼望他能当选为本镇的镇长，唉！我理应先介绍他的为人才是。李先生关心本镇，关心镇民，前些天这里下了一场倾盆大雨，他一大早就起床了，穿上雨鞋，带着铲子，到地势低洼的居民区巡视。由于当时我正在装货，所以碰巧看见了他。

我……我想——哩！还有一件事情，那是拓宽车站前面的道路，虽然李先生是整个工程的负责人，可他还带着太太到处巡查、探听，寻找房屋，解决居民搬离现场的困难。他实在是个很热心的人。唉！我认为本镇需要真正能为本镇出力尽力的人，而李先生正是那种能贡献出自己的力量和智慧，改善本镇……本镇的境况的最佳人选。”

这段略显口吃的演说段落，虽然听起来并不流畅，但却让人感觉缺乏真实感和信任感。当然，这里所说的“口吃”，并不是结结巴巴说不出话来，而是指在演讲中灵活掌握表达和语气，收放自如，让听众感觉更加亲切和真实。这是因为，极简演讲，时间一般比较短，一般人都可以胜任。千万不要哗众取宠，热衷于博得热烈的掌声，只重视演讲技巧，从而偏离演讲的初衷。

巧妙嬉笑怒骂

“我肯定，同胞们都期待我在就任总统时，会像我国目前形势所要求的那样，坦率而果断地向他们讲话。现在正是坦白、勇敢地说出实话的最好时刻，我们不必畏首畏尾，不老老实实面对我国今天的情况。这个伟大的国家会一如既往地坚持下去，它会复兴和繁荣起来。因此，让我首先表明我的坚定信念：我们唯一不得不害怕的就是害怕本身——一种莫明其妙的、丧失理智的、毫无根据的恐惧，它会把转退为进所需的种种努力化为泡影。凡在我国生活阴云密布的时刻，坦率而有活力的领导都得到过人民的理解和支持，从而为胜利准备了必不可少的条件。我相信，在目前的危急时刻，大家会再次给予同样的支持。我和你们都要以这种精神来面对我们共同的困难。感谢上帝，这些困难只是物质方面的。价值难以想象地贬缩了；课税增加了，我们的支付能力下降了；各级政府面临着严重的收入短缺；交换手段在贸易过程中遭到了冻结；工业企业枯萎的落叶到处可见；农场主的产品找不到销路；千家万户多年的积蓄付之东流。”

美国总统罗斯福的演讲具有一种超出常人的驭人能力，冷讥热嘲，明枪暗箭，拍案而起，谈笑风生，给人感觉收放自如。演讲中，他从不限制自己情绪的发挥，正所谓嬉笑怒骂皆成文章。这是一个成功的演讲者必备的素质，只有这样才能用你的情绪调动起听众的情绪。但这种嘻笑怒骂的运用要注意恰当，如果不论场合及听众的情绪，只会适得其反。演讲中要注意与听众间建立起一种和谐的关系，只有这样才能收到意想不到的独特效果。

材料使用，要三思而后行

有些演讲者的演讲为什么不能打动人？很多时候是因为演讲材料不给力。演讲中，足够生动、新颖和吸引人的材料，总是能够一下子拨动和吸引听众的心弦，引发心理共鸣，令人怦然心动，从而产生强烈的现场效应。所以，在演讲中材料是演讲成功的重要支撑，除了选材要真实、准确，还要符合以下几点要求。

选择贴近现场的材料

一踏入鲁迅先生的故里，我就真切地感到文学的气场、气韵生动起来，鲜活起来。鲁迅先生的风骨，穿越了七十年的时光，在这个庄重而清明的夜晚，与我们每个人的内心相对。云山苍苍，江水泱泱；先生之风，山高水长……鲁迅文学奖给作家带来的，不仅是荣誉，更重要的是责任。我们相聚在这里，就是要继承鲁迅精神，积极履行人类灵魂工程师的职责。继承鲁迅精神，就是要像鲁迅先生那样心怀广大，致力于文学对社会现实的关怀与担当；就是要像鲁迅先生那样，用极富创造性的艺术形式表现一个时代、一个民族的精神品貌。因此，对我们来说，今天在这里，不是终点，而是一个新的起点。

在鲁迅先生的故乡浙江绍兴举行的第四届鲁迅文学奖颁奖典礼上，中国作家协会主席铁凝发表了演讲。她首先抒发了自己“一踏入鲁迅先生故里”的内心感受，接着诚挚地表达了对中国文学工作者的“满怀敬意”，继而深刻地阐述了文学的价值和鲁迅文学奖的意义，最后明确地指出了鲁迅文学奖给作家带来的“责任”，并号召大家“继承鲁迅精神”，从“新的起点”向前迈进。这些针对性很强的情理和事理材料，不仅切合了颁奖典礼的特定场合，而且突出了鲁迅文学奖的活动主题，给现场听众以思想的启发和精神的激励。

选择通俗易懂的材料

遗传的影响，我们简单用一个例子来说明一下。小白兔应该吃什么呢？本应该吃萝卜，但假如从今天开始，让小白兔改吃鸡蛋拌猪油，蛋黄胆固醇高，猪油是动物脂肪，四个礼拜胆固醇增高，八个礼拜动脉硬化，十二个礼拜小白兔个个得冠心病。下面，我们换用北京鸭子做实验，让它吃蛋黄拌猪油。结果很奇怪，鸭子不管怎么天天吃，胆固醇都不高，动脉也不硬化，更没有冠心病。唉！这就奇怪了，怎么兔子一喂就动脉硬化，鸭子就没有动脉硬化呢？道理很简单，兔子是兔子，鸭子是鸭子，遗传不同啊。人也是一样：为什么张三一吃肥肉，胆固醇高，动脉就硬化，冠心病也来了，而李四天天吃肥肉，他什么事也没有？因为张三是兔子型的，李四是鸭子型的，鸭子型就没事，你兔子型就倒霉，先天性倒霉。为什么有人你看他吃得并不多，可就减肥不下来，那个吃得很多的人却胖不了？就因为人类型不同，有些东西遗传100%，有些遗传是具有倾向性的。高血压、冠心病是一个倾向。

著名健康问题专家洪昭光教授在一次题为《生活方式与身心健康》的演讲中，用上边这段话来分析和讲解遗传的影响。因为洪教授明白，台下的听众大多是关注健康的普通群众，如果一味使用专业术语，就会使讲座变得曲高和寡，索然无味。因此，在讲解有关医学知识的时候，他就选用一些通俗易懂的事例材料加以说明。比如，上例中，在讲解得病的遗传影响时，他就有针对性地选用了小白兔和北京鸭的实验材料作为例子，从而深入浅出地说明了不同类型的人的遗传差异及其与疾病之间的关系，让听众懂得了高血压、冠心病的遗传倾向对人的致病影响。

选择符合心理需求的材料

心理是身体的奇迹，人获得幸福与否取决于心理是否健康。曾有一家报社做过一个调查：谁是世界上最幸福的人。结果最幸福的人依次为：给孩子刚洗完澡，怀抱婴儿微笑的母亲；刚给病人做完手术，目送病人出院的医生；在沙滩上筑起沙堡，看着成果的孩子；写完小说最后一个字，画上句号的作家。看完这个消息，我有深入骨髓的悲哀。这些幸福，我几乎都曾拥有，但自己却感觉不到，是幸福盲。因此，幸福关键在于我们发现幸福的目光，在于内在的把握、永恒的感情和灵魂的拯救。

2007年4月5日，著名女作家毕淑敏的心理励志小说《女心理师》的首发式在北京市监狱举行。毕淑敏深知，这些服刑人员中的大多数人是因出现精神空虚、心理困惑而触犯刑律的。他们不懂什么是真正的幸福，却渴望幸福生活，为了所谓的“幸福”，进而不择手段，铤而走险，最终走上了犯罪道路。于是，她针对这些特殊听众的精神需求和心理困惑，揭示了心理健康的重要性，接着引述了一个关于“谁是世界上最幸福的人”的调查材料，然后表达了自己是“幸福盲”的真实感受。最后得出结论：幸福的关键在于“我们发现幸福的目光”，在于“内在的把握、永恒的感情和灵魂的拯救”。这场演讲，既让服刑人员感到亲切，又能促使他们自我反省，从而达到针对听众进行心理矫正的目的。

第四章

突破心理关，演讲其实一点也不恐怖

如果一个演讲者能够在演讲中谈笑风生，从容镇定，即使发生突发事件也不受干扰，能够随机应变。那么，这样的人无论在台上还是台下，都将是人群中的焦点，一旦开口说话，听众就会被其吸引。这种优秀的表现都来源于演讲者有良好的心理素质，这是做好演讲的重要保障。

紧张是演讲的大敌

爱默生曾说：“在这世界上，最令人不堪的就是恐惧。”很多参加过演讲过的朋友都有同感。在演讲中，不怕没有引人入胜的材料，也不怕没有振聋发聩的主题，最怕的是因心里滋生的恐惧而产生的紧张。人紧张起来，表现为肾上腺增加分泌，呼吸急促，心跳加快，脸部变红，思维不能正常进行，大脑中枢神经出现暂时紊乱，记忆出现暂时性失忆。很多职业演讲家也坦言，恐惧的紧张心理他们也从未彻底消除过，开口之前总会犯怯场的毛病，尤其在最初的几秒钟，会一直处于这种状态中。毫无疑问，紧张是演讲者的大敌，但它并不是不可消除的阴影，关键是如何找到克制恐惧的方法。

身体方面

手部颤抖

可以临时抓住遥控器、钢笔、书本或笔记本来稳定自己的双手，千万不要拿激光教鞭，因为那个红点四处乱窜，会让你的紧张显露无疑。在演讲时参考笔记是可行的，但不要使用松软的纸张，因为它们会随便摆动，不受控制。

双腿战栗

在演讲中要尽量穿宽松的裤子或裙子，这样才不会暴露出演讲者的颤抖。同时，在演讲中可以四处走动，不仅能促进演讲者的血液循环，还可以帮助消除紧张。

汗流浃背

在演讲时，可以携带一条棉质手绢，如果满头冒汗，不妨拿出手绢来擦拭一下，不要让汗滴流淌下来，同时也可以用这个运作缓解一下紧张情绪。

嘴唇发干

保证手边有一杯水，可以随时拿过来喝一小口。如果遇到紧张而嘴唇发干，可以停下来喝一小口，不仅显得自然，还可以掩饰一下自己的紧张。

面红耳赤

有些演讲者在平时的脸色正常，但一上台就会变得通红，对此，即使感觉自己的脸色像驯鹿鲁道夫的红鼻子一样又红又亮，也大可不必在意，深吸一口气，继续自己的演讲，只要自己没有任何不适，听众不会在意这些。

技巧方面

知己知彼

紧张对于人类来说是一种本能。因为在原始社会，当人类被很多双眼睛盯住，肯定处于一个非常危险的状况。这时候会进入全身紧张的状态，心跳加快，给身体输送更多的氧气。所以，紧张就是人类生存的一项保护机制。当你了解了这种本能，就会从容很多，少一分自卑，不自觉多一分自信出来。当我们跟朋友同事聊天的时候，就一点也不紧张，但是谈话也就失去了主题，东拉西扯，啰哩啰唆。如果用这样的方式来演讲，听众可能会睡着了。而适度的紧张可以让演讲者更加集中注意力，演讲更有效率。

本能演讲

一些优秀的演讲者，在有成千上万观众的讲台上演讲一点也不紧张，往往发挥得非常好。可是如果演讲结束接受访谈，反而会紧张起来。为什么会出现这样的情况？那是因为他们已经把演讲训练成为一种本能，只要站在讲台上，拿起麦克风，身体马上就会条件反射，进入演讲的状态。由此可见，经过强化训练，让演讲成为一种本能，在台上演讲的时候，自然就没有那么紧张了。演讲前，对着镜子练习演讲，这一招非常有用和重要。在做演讲时，自己的一举一动都会影响观众的注意力。通过对着镜子练习，会注意到自己是否在不断地前后摇摆，是否做一些不易察觉的但是无用的细微动作。观察，并且改正。通过这样的训练，把演讲变成一种本能和习惯，自然就不会再紧张了。

胸有成竹

演讲的时候，如果感觉自己紧张不安，就会心虚露怯，难免就会紧张。所以，演讲之前一定要做好准备，多彩排几遍，多背几遍，这样一来，心里就会踏实很多，自然就不会再过分紧张。同时，为了心里有所安慰，可以把演讲稿放在兜里，如果遇到紧张忘词的情况，可以拿出来看一看。即使不看，也可以增加一份安全感。如果感觉拿演讲稿太明显，可以用小卡片写好关键词，方便提醒自己，这样也有助于减少紧张。同时，也可以录下自己的演讲，通过不断回放进行审定，自己改正和鉴定演说中不足的部分。这样，正式演讲起来就会胸有成竹。

心无杂念

很多时候，演讲紧张也与我们个人的欲望有关。如果欲望太多，容易患得患失，也会导致紧张。比如有人想通过演讲展示自己的才华，有人想获得别人的刮目相看，有人想赢得领导的赏识等。所以，在演讲中我们要抛弃私心杂念，回归到演讲本质中来，不要胡思乱想，演讲反而会轻松起来。

目中无人

当然，我们演讲紧张的原因，最重要的就是有很多人盯着你。如果台下没人的话，我们还不会过度紧张。怎么办？那就让他们消失。当然，现实中他们不会消失，我们可以想象他们消失。演讲时，可以假装自己面对着一堵墙，台下无人，眼中无人，这样就会少一些紧张。

自信，听众更容易被打动

如果想当众发表演讲，能够有逻辑地说服他人，必须相信自己。自信是一种自我的内在力量，这股力量可以给人安全感，让我们敢于表达自己的意见和观点。无论是“仰天大笑出门去，我辈岂是蓬蒿人”的李白，让秦兵不战而退，勇气自荐的毛遂，还是坚信“自信是命运的主宰”，从又聋、又盲、说话模糊变成一位女作家、教育家、慈善家和社会活动家的海伦·凯勒，这些人因为自信成为激励无数人自强不息的偶像。由此可见，拥有了自信，才能有更强大的行动力和可能性。

如果你是一位演讲者，一直以来自我感觉不错，可是突然有一天发现，有些听众对你讲的东西不感兴趣，开始玩手机或者东张西望，这让你有些不安，自信心会动摇起来。其实做任何事情都不可能一帆风顺，演讲也一样，演讲中遇到一些苛刻的听众在所难免，不妨从以下几个方面努力，能够帮助你在苛刻的听众面前成功地完成演讲。

立下必须成功的决心

心理学上说，在我们每一个人身上都不同程度地存在害羞和自卑的感觉，由此导致的演讲失败的例子数不胜数。正如美国著名心理学家威廉·詹姆斯所说的一样：“行动好像是紧随着感觉之后产生的，但是事实上它是与感觉并行的。行动受意念的直接控制，通过意念来控制行动，我们也可以间接地控制感觉。”

由此可见，我们只有克服这种感觉，才能在演讲中正常或者超常发挥。所以，要在演讲中立下成功的决心，让自己觉得自己很有信心，并竭力运用所有的意念去达成这个目标。那么，自信就可能取代害羞和恐惧。当一个演讲者带着很确信的心态演讲时，听众会被他紧紧地吸引住。听众不会轻易地被演讲者的信息说服，但是如果演讲者非常自信地传递信息，那么听众就会很容易被其折服。

很多人为了达到这样的效果，都会给自己的演讲设定目标，比如每天看一场演讲的短期目标，每个月自己写一篇演讲稿，两个月进行一场优秀演讲等更长期的目标。以此类推，直到自己演讲时可以台风稳健、充满自信地说话为止。但是很多人目标设定之后就半途而废，这种不衷心渴望达成目标的情况，实际是潜意识里缺乏自信的表现，因为不相信自己订立的目标能够实现。为了增强自信心，订立目标时要短期目标与长期目标相结合。在这个过程中，我们不能忽视短期目标的达成，它对于长期目标是有帮助的，当你感受到短期目标带来的喜悦时，无形中会增加长期目标达成的自信心。而且订立目标之后一定要把“我做不到”“算了放弃吧”这种不自信的想法换掉，而是时常鼓励自己“我一定能做到”“加油，不要放弃”等，让内心充满自信和希望，这样的正能量是迈向成功的第一步。

注意力集中在听众身上

哈佛大学著名心理学教授，威廉·詹姆斯曾写下四句话：如果你希望做好，你就会做好。如果你期望致富，你便会致富。如果你想博学，你就会博学。简言之就是如果你对某个目标足够关注，你自然会实现这一目标。所以当你明白，不可能让所有的听众都喜欢和认同你的演讲时，就可以把注意力集中在自己的听众身上，去关注那些愿意为你的演讲投入情感或是时间的听众，搞清楚他们到底是谁，他们的需求是什么，他们对什么内容和主题感兴趣，然后回到自己的演讲中来，根据这些答案随时调整自己的演讲角度和构思。

一般来说，能够成功地当众演讲，主是因为自己想要去做。而之所以要做，是因为预想到自己一定会成为成功的演讲者，能够从听众的认可中获得快乐。经常让自己在台上成功的演讲画面浮现在脑海中，然后努力去实现，而不是把大量的精力花在那些对你的演讲不感兴趣的听众身上。

抓住一切练习机会

有人问萧伯纳，你是如何学会先声夺人的当众演讲的？他答道："我用自己学会溜冰的方法来做的，我固执地一个劲儿地让自己出丑，直到我习以为常。"由此可见，流畅的演讲需要不断练习。 众所周之，乔布斯是一位娴熟的表演大师，表演技艺精湛。演讲中，他的一举一动都和示范演示、图片和幻灯片播放配合得天衣无缝，无懈可击。他看起来显得愉快惬意、信心十足、轻松自然且毫不费力。至少，在观众看来，他显得轻松自然。但乔布斯成功演讲的秘密是他排练的时间很长，有时候长达几个小时，甚至为了达到更加精准的效果，他连续多日进行练习。

世界上并不存在天生的大众演讲家。所以，要想成为人们喜欢的那种演讲家，需要进行大量艰苦的准备工作。"自然流畅"是反复练习的结果。如果你想在极简演讲时表现得自然流畅，经常反复练习就更加必不可少。只要你接受了这个简单的方法，反复练习，你的演讲自然而然地就会从平庸之中脱颖而出。

有人情味儿，更能打动听众

在演讲中，有一种人演讲功底扎实，条理清晰，流畅完整，内容点都点到了，却没有情感，不能调动现场听众的情绪，无法引起共鸣，演讲氛围非常清冷。但还有一种人，演讲时总是妙语连珠，能够吸引全场听众的目光，大家不是被他的精彩表达而折服，就是为之演讲内容所动容，给人感觉非常有人情味儿。美国总统特朗普上台前与希拉里的争夺战中，尽管希拉里有丰富的从政经验，演讲起来理性周密，但美国人最不喜欢的就是她的过于冷静，缺乏情感，最终，比起过于理性的希拉里，美国人更愿意选择不那么靠谱、但有情绪和态度的特朗普。由此可见，即使你的演讲功底很扎实，如果没有向听众传达出自己的情感和态度，那么演讲就失去了核心的魂魄，只是一堆文字语言的排列组合，并不能对听众产生影响，更谈不上打动听众。

所以，好的演讲一定是具有真实情感的。因为，在演讲中，听众的理解力、注意力和记忆力很大程度上都受感情因素的影响。一场演讲好不好，很大程度上取决于演讲者投入的情感多少。那么，要想让自己的演讲更有人情味儿，更能打动听众，可以从以下几个方面着手。

思想要有转变

演讲有表现、表达和利他三层境界，而幕后决定演讲境界高低的是演讲者的思想。演讲者有什么样的思想，就有什么样的信念，就有什么样的语言，思想不变，学再多的演讲技巧都没用。

如果只是想一味地表现自己，只想着要讲些华丽的辞藻征服别人，听众一听立刻反感。事实上，演讲并不是秀自己有多厉害，那样的演讲很难打动听众、吸引听众。真正的演讲，是听众可以从演讲者的分享中获得精神或者思想上新的启发和价值。当前的极简演讲已然不是传统模式的演讲方式，而应是一场感召，一场生命与生命之间的影响。作为一位演讲者，思想决定了语言的格局，决定了情感驱动的大小。所以，演讲者无论对本人或他人的经历、事迹、教训、感想，还是对事物、事件的评价、感受，都应进行缜密的思考、提炼，使之更具有情感性。

找到演讲的“魂”

有人曾预言，中国是一头睡狮，就这样我们被人家当了一百年的睡狮，我们也把自己当睡狮自我陶醉了一百年。狮子是百兽之王，但一头酣睡的狮子能称得上是百兽之王吗？一头睡而不醒的狮子，一个名义上的百兽之王，并不值得我们为之骄傲。如果我们为这样一个预言而陶醉，就好比陶醉于“人家说我们祖上也曾阔过”一样，真是脆弱而又可怜。我们不要伟大的预言，我们只要强大的实力，我们不要做睡狮，只要我们觉醒着、前进着，就比做睡着的什么都强。人家的预言曾是我们骄傲的资本，但仔细分析起来，为一个过去的预言而陶醉或昏睡，于实际又有何益处呢？

在这篇《我们不愿做睡狮》的演讲中，针对“我们不愿做睡狮”的观点，演讲者鲜明地提出，犹如当头棒喝，促人清醒又激人奋发。演讲者在破除旧的观点之后，提出与旧观点相反或相对的新观点。虽然破旧立新的风险和难度较大，只要有实事求是的科学态度、“言人所未言”的勇气，就能收到震撼人心、语出惊人的特殊效果。所以，演讲不仅仅是走上舞台，站在台上讲话。平常的、没有激情的演讲和成功的演讲之间最大的差别就是一个字“魂”。什么是魂？就是演讲的核心观点。当你走上台，准备演说时，你必须清晰：支持自己演说的力量是什么？为什么要坚持这样演说？演讲的核心价值观是什么？演讲要传递什么样的价值和理念？这些问题越清晰，演说就越有人情味儿和影响力。

有充沛的感情

我妈跟我在西安生活了十四年，大病后医生认定她的各个器官已在衰竭，我才送她回棣花老家维持治疗。每日在老家挂上液体了，她也清楚每一瓶液体完了，儿女们会换上另一瓶液体的，所以便放心地闭了眼躺着。到了第三天的晚上，她闭着的眼再没有睁开，但她肯定还是认为她在挂液体了，没有意识到从此再不醒来，因为她躺下时还让我妹把给她擦脸的毛巾洗一洗，梳子放在了枕边，系在裤带上的钥匙没有解，也没有交代任何后事啊。

三年以前我每打喷嚏，总要说一句：这是谁想我呀？我妈爱说笑，就接茬说：谁想哩，妈想哩！这三年里，我的喷嚏尤其多，往往错过吃饭时间，熬夜太久，就要打喷嚏，喷嚏一打，便想到我妈了，认定是我妈还在牵挂我哩。我妈在牵挂着我，她并不以为她已经死了，我更是觉得我妈还在，尤其我一个人静静地待在家里，这种感觉就十分强烈。

老戏骨斯琴高娃曾在第一季《朗读者》上朗读《写给母亲》，她的一字一句，都饱含着深切的情感，撼动着全场听众的心，包括她自己。除朗读的内容外，她的每一个眼神、表情和声音，都无不深含情感的力量和温度。一场成功的演讲，演讲者必须在演讲中注入充沛的感情，达到以情动人的效果。演讲者充沛的感情可以通过面部表情、肢体动作、口气轻重、语调高低、语速快慢表现，用语言载体传达出来。

用积极的心理暗示引导自己

《世说新语·假谲》讲曹操带兵出征途中找不到有水的地方，士兵们都很口渴。于是曹操叫手下传话给士兵们说：“前面就有一大片梅林，结了许多梅子，又甜又酸，可以用来解渴。”士兵们听后，由于条件反射嘴里都流口水一时也就不渴了。他们凭借着这个暂时的不口渴或想吃梅子的愿望，得以到达前方有水源的地方，这就是我们常说的止渴望梅。这个故事深层哲理就是曹操给予自己士兵的心理暗示，这种暗示的作用在演讲中也不例外，具有非常强的向导作用。

比如一些演讲者为什么害怕面对观众，不敢自信地演讲呢？虽然每个人给出的理由都不一样。但相同的一点是心理暗示并没有告诉他：要相信观众，相信自己可以做到，可以做好。一般而言，失败的演讲者从上台前就一直在心里默念好紧张好紧张。这就给演讲者带来了消极的心理负担。由此告诉我们，无论在演讲前发生了什么，我们对于自己的演讲一定要有信心，要不断给予自我暗示：“我可以的，我行的。”可以从根本扭转局面。积极的心理暗示，可以从以下几个方面进行。

刻意强化和训练

法国心理学家希恩·德玛指出，人的自信来源于未来的自己！唯有相信，才有可能。人类是唯一能够自我暗示的动物，我们最后成为的不过是最初在内心认定的自己的样子。所以，优秀的演讲者应该有意识地训练自己进行积极的心理暗示的能力，注意控制并消除一些消极的心理暗示，可以通过以下几个方法：**一是行为习惯培养法。**自我心理暗示不仅仅是以上直接的潜意识沟通，还包括很多行为习惯方面的因素，尤其是一些细节。比如，走路时挺胸抬头，会觉得自己很有精神；出门的时候照照镜子整理好仪表，会对自身形象有个积极的评价；学习的时候整理好桌面，摆放好物品，让自己感到很从容很有条理；说话的时候清晰大方，让自己感到自信等。这些看似微不足道的地方，其实都会不知不觉地影响一个人的精神风貌。**二是座右铭与喊口号法。**有这样一个故事：流浪街头的吉卜赛修补匠索拉利奥，每天早上起床的第一件事，就是大声地对自己说："你一定能成为一个像安东尼奥那样伟大的画家。"说了这句话后，他就感到自己真有了这样的能力和智慧，满怀激情和信心地投入一天的工作和学习之中。十年后他成了一个超过安东尼奥的著名画家。你选择相信什么，最终就会看见什么，这种积极的暗示有时比事实本身更重要，因为我们所看到的事实往往都是过去行为的后果，而无法昭示未来。预测未来最好的办法是去创造，积极的心理暗示能给我们创造的动力和勇气。所以，我们应该学会把振奋人心的口号喊给自己，当遇到困难时，不妨告诉自己"我能行"。**三是淡化消极因素法。**不要说："我累坏了"，而要说："忙了一整天，终于可以好好地休息了。"不要说："天啊，我坚持不下去了"；而要说："只要坚持不懈，就一定会成功。"养成使用积极语言的习惯，拒绝不停地自我抱怨。试着将所有的否定句和疑问句都改成肯定句，这将在潜移默化中改变你对世界的看法，一点一滴地赋予你积极思考的习惯。**四是积极转移暗示法。**将别人对自己的消极暗示转化为积极暗示。比如在某路公共汽车上一位老先生踩了一位年轻姑娘的脚，这位姑娘开口就骂人："你个老不死的！"可是这位老先生没有生气，反而笑呵呵地连声说谢谢。有人不解便问之，老先生说："她没有骂我，她给我祝福呢。她说，第一我老了，第二我不会死，这不是给我祝福吗，我不应该感谢她吗？”听到此话，周围的人都乐了。这就是转移暗示，将不利于自己的话转变为有利于自己的话。

不断走出舒适区

有关成功的一切都是显眼的。然而，显眼的时候，往往让我们感到不舒适。其实，我们每个人都有一个舒适区，这个舒适区就是你自己感到自在的一个位置与自己的姿态。许多人不敢站在显眼的地方，因为他们害怕那一双双审视、质疑、否定、嘲弄、傲慢的眼睛，那些眼神让他们严重地感到不舒适，不自在。只有自卑和缺少自信的人，讲话才会像蚊子嗡嗡叫一样，细小、含糊、急促。

演讲，必须大胆。沉默寡言和没有讲话冲动的人，不可能在某一天突然开声，成为一个雄辩滔滔的演讲家。所以，要想成为一个优秀的演讲者，必须把握每一个走出舒适区的机会，可以通过模仿领袖讲话、大声讲故事和大声朗诵的方法来克服羞怯心理，增强演讲的自信心，提升演讲热忱。同时，也要让自己习惯性地大声说话，成为公众焦点，到公众场所演讲，大胆注视着跟你讲话的人，在日常的一点一滴中强迫自己走出舒适区，不断地扩大舒适区的范围，让自己有更广泛的适应性，在任何的场合都能够做到收放自如，而没有不舒适的感觉。

下篇

一场完美极简演讲的主要构成元素

第五章

如何一开口就 hold 住全场

三寸之舌，强于百万之师。在当今这个信息化的时代，面对不同的目标和对象，人们公开演讲的机会越来越多，新闻发布会、岗位竞聘、招商引资、产品发布、酒会致辞等，大大小小的演讲随时都有可能进行。但传播思想与观点、提升个人魅力、鼓舞士气等，并不是演讲了就可以实现，还需要让自己的演讲富有吸引力，在第一时间就抓住观众的注意力，这一点至关重要，否则发表演讲的你，做不了“百万之师”，反而成了鲁迅笔下的祥林嫂，演讲效果可想而知。

关键的“七秒钟法则”

当你深呼吸，面对一群人准备发表自己的演讲时，你可曾想过，决定认真听你的演讲，还是低头去看手机，听众做这个决定会使用多长时间吗？不是三分钟，也不是一分钟，而是只有短短的七秒钟时间，这就是演讲界人人皆知的“七秒钟法则”。也就是说，演讲开始部分的7秒钟时间至关重要，因为听众不想把自己宝贵的时间浪费在令人乏味的事情上，他们会感觉你的演讲的内容没什么可吸引人的地方，难免走神开小差。所以，开场关键的7秒钟时间要引起你的足够重视，否则会让你的演讲处于非常不利的地位。

“各位，早上好！很高兴今天能在这里演讲。感谢你们在百忙之中抽出时间来听我的演讲。在开始我的演讲之前，我要特别感谢马克·孔蒂先生，是他组织了今天的演讲活动。

在进入正题之前我先介绍点琐事：卫生间在大厅的左边。我已经吩咐莱因将有关计划的详细材料分发给各位。她马上就会把资料发给大家。我对领导力非常感兴趣，并准备了66张幻灯片，列出了我的团队以及我个人制订、实施此计划的过程，我认为我们制订的计划和步骤可以创造出非常棒的领导力培养项目。在接下来的45分钟里，我将展示这些幻灯片，你们可以随时打断我，提任何问题，我将很乐意作答。”

这个演讲的开场中，短短几秒钟里演讲者的话语中只有感谢和扯一些和演讲主题不搭界的琐事，看似能够让现场氛围轻松起来，拉近与听众的距离，殊不知，对于听众来说，这些内容没有什么价值和意义，他们不是来听人侃大山的。所以，如果一场演讲的开头是这样的情形会让人感觉不妙，无论站在面前发表演讲的人有多显赫，照样会让听众打不起精神来。所以，如果你想让自己的演讲旗开得胜，就需抛弃用老掉牙的方式来介绍自己，或者寒暄客套，而是遵循“七秒钟法则”，紧紧地抓住听众的注意力，避开踩中下文中的这些雷区：

雷区一：开口就讲笑话

如果你想快速拉近与听众之间的距离，博得他们的好感，于是选择开头讲个笑话，把他们逗乐。这样开头会非常危险。一是你不知道现场所有听众的笑点是不是跟你同频，或者你讲的笑话听众已经听过好几次。那么，很有可能你讲的笑话听众觉得一点也不可笑，你站在那里一个人笑，难免冷场尴尬。二是如果你讲的笑话与演讲的主题没有多大的联系，特别是在一些很正式的场合，会适得其反，向听众释放这样一个信号：接下来你讲的内容多半和主题也没什么关系。这会削弱演讲内容的权威性，这样的演讲谁还会认真听下去呢？当然，除非你确定自己有喜剧演员的天赋，足够幽默风趣，或者笑话的内容确定能够让人开怀大笑，否则，演讲开头一定要慎讲笑话。

雷区二：告诉听众没有准备好

如果你一上场紧张得说不出话来，告诉听众没有准备好，背不下来稿子，或者昨晚加班眼睛睁不开没精神等，这样会让听众感觉你没有认真对待他们，没有把这次演讲当作一回事，自然演讲也不会精彩到什么地方。因为，这种否定式的开头，很容易给听众留下一种消极、无趣和没有诚意的印象，让接下来的演讲变得乏味透顶，听众一点也听不进去。

这一点外国的某位演员做得非常好。一次交通事故影响到他的下肢功能，导致他走起路来有点摇摇晃晃。有一次他要上台发表演讲，但他没有一上来就告诉观众自己遭遇的交通事故有多可怕，自己在医院躺了半年，又被临时邀请过来演讲，根本没有什么准备。而是第一句话就说："我没有喝醉，是这个舞台有点摇晃。"听众听完哈哈大笑起来，现场响起了热烈的掌声。利用一个戏剧性的玩笑，这位演员成功掩饰了自己身上的不足之处，把大家的注意力吸引到了自己的身上。

真正了解听众，而不是自嗨

给职场白领演讲，你要告诉他们如何奋斗才会更快提升自己；给大学生演讲，你要告诉他们大学生活怎么过才会更精彩，以后如何选择自己的职业道路；给企业中层管理演讲，你要告诉他们如何带领团队。由此可见，一个演讲者了解听众需要什么是非常重要的事情，如果你能做到这一点，即使观点没多少新意甚至非常平庸的演讲，也可能受到人们的欢迎。如果你做不到，再好的演讲也有可能以失败告终。

心理学上有一个概念叫高自我监控和低自我监控。如果能够根据别人的想法调节自我，就是高自我监控者，如果不在意别人的看法就是低自我监控者。作为一名演讲者，不可避免要占用听众的时间，在这段被占用的时间里，你希望他们能够认真倾听和思考你的演讲。那么，听众为你付出时间，你理应报给他们等值的价值，也就是说能够满足他们的需求。所以，演讲要避免自嗨，自觉做一名高自我监控者。不管听众是一个人也好，一千人也好，都能够以听众的需求为中心，进而有针对性地准备演讲材料、演讲技巧和演讲风格，更好地满足听众的需求。

了解听众参加演讲会的目的

演讲的目标一般有六种：告知、说服、激励、娱乐、传播、教育。但无论哪种目标，都要先了解清楚自己的听众才能更好地达成目标。从参加演讲会的目的来看，听众大致可分为以下六种类型。

慕名而来型

一般群众对各类名人都怀有一种敬仰、钦慕之心。因此，当著名政治家、科学家、演讲家、体育明星、影视明星等发表演讲时，往往有大批听众慕名前往。此类听众大多是为了一睹名人风采，他们一般不太计较演讲水平的高低。

求知而来型

为了获取新的知识和能力，听众会自觉选择那些能满足自己求知欲的演讲。学术讲座、技术辅导、国外见闻等演讲能够吸引大批听众的原因正是这些演讲满足了听众的求知欲望。此类演讲只要内容充实，条理清晰，听众一般不会过于挑剔演讲技巧。

存疑而来型

听众对自己渴望了解的演讲话题总是抱着极大的兴趣。例如，调整工资、保健问答、产品介绍等演讲，如果关系到听众的切身利益，听众会十分主动地参与到演讲交流过程中来。此类听众只要求演讲者把演讲内容交代清楚，他们对演讲者的身份、地位和演讲水平不会有苛刻的要求。

捧场而来型

在某些演讲特别是命题演讲比赛中，往往有一些演讲者的同学、同事和亲属前来助威和捧场。这类听众的人数虽少，但在渲染演讲会场气氛、调动其他听众情绪方面却能起到极其重要的作用。

娱乐而来型

青年人喜欢演讲比赛，是因为演讲场上充满了激烈的竞争和热烈的气氛，具有一定的娱乐性。仅仅“看热闹”这一条理由就已经能够吸引许多热心的听众。不过，在为娱乐而来的听众的潜意识中，还有一些听众隐藏着他们对高水平演讲者的崇拜和学习演讲的欲望，这是一批优秀的听众。

不得不来型

工作报告、经验交流、各种庆典的会场上，有相当一部分听众是由于纪律约束或出于礼貌而不得不来的。这类听众对演讲内容不甚关心，演讲过程中心不在焉，态度冷漠。要征服这类听众，演讲者必须具有高超的演讲水平。

有针对性地制订演讲方案

在演讲实践中，演讲者还可以从其他角度了解听众的成分构成制订不同的演讲方案。如人数多寡、男女比例、职业差别、文化水平的高低等，都会影响到演讲方案的制订。

身份地位

比如说针对政府官员演讲，那么演讲风格就要力求稳重，切勿太过张扬。如果是针对企业界的人演讲，那么演讲风格就可以张扬一些，有激情一些。

年龄大小

如果是针对年龄大的人演讲，语速要尽量慢一些。如果是针对年轻人演讲，语速就可以稍微快一些。

男女比例

比如说如果会场上女士很多，那么就要准备一些与女士相关的案例或故事，这样就不会让她们觉得被忽视。

文化背景

比如有些民族的人是不吃肉或不吃鱼的，有些地方的人是忌讳别人说某些话的，那么在演讲的时候就要避免谈这些。

文化水平

针对文化水平低的听众，语言尽量通俗一点。针对文化水平高的听众，要讲得概括一些。

经济收入

如果针对下岗职工讲在什么地方消费特别显档次，那么他们就会很反感。

综上所述，每个听众的心里都有一个关键点，这个关键点就是听众非常在意能够从演讲中得到什么样的利益。所以，一个出色的演讲者从来不告诉听众什么是事实，而是告诉他们有什么样的利益。从听众的需求出发，谈论与他们的需求相关的话题，他们才会感兴趣、好好听演讲。

选择一个特别的开场方式

开场决定收场。

关于演讲开场白的重要性，许多名人作出过很好的忠告。俄国大文学家高尔基认为开场的作用如同音乐的“定调”，决定着全曲的基本面貌和基本风格。开场有两项任务，一是建立演讲者与听众之间的感情，赢得听众的认同感。二是打开场面，引入正题。如果开场白不够新颖、独特、独具匠心，恐怕很难一开始就集中听众注意力。以下几种经典的开场方式可供参考。

奇思妙想式

各位可知道，一只苍蝇在纽约的一扇玻璃窗上行走的细微的声音，可以用无线电传播到中非洲，而且还能使它扩大成像尼加拉大瀑布般惊人的巨响。

这个宣传无线电作用的科普演讲选择普通人不可想象也不会去付诸实践的角度，巧妙地宣传无线电的特殊效能，构成了一个颇具吸引力的开场白。由此可见，听众对那些平庸的论调往往不屑一顾，置若罔闻。倘若用意想不到的见解引出话题，会立刻造成“此言一出，举座皆惊”的艺术效果，震撼听众，迫使他们急不可耐地听下去，这样就能达到吸引听众的目的。

需要注意的是，运用这种方式应掌握分寸，弄不好会变为哗众取宠，故作惊人之语。因此，应结合听众心理、理解层次出奇制胜。同时，不能为了追求怪异而大发谬论、怪论，也不能生拉硬扯，胡乱编造。否则，极易引起听众的反感和厌倦。

现场取材式

我刚才发现在座的一位同志非常面熟，好像我的一位朋友。走近一看，又不是。但我想这没关系，我们在此已经相识，今后不就可以称为朋友了吗？我今天要讲的，就是作为大家朋友的一点个人想法。

如果演讲者一上台就切入正题滔滔不绝，会让人感觉非常生硬和突兀，听众会难以接受。演讲者不妨以眼前人、事、景为话题，引申开去，把听众不知不觉地带入演讲之中。可以谈当时天气，谈会场布置，谈此时心情，或谈谈某个与会者等，随机切入演讲主题，会让人感觉非常自然。但即景生题不是故意绕圈子，不能离题万里、漫无边际地东拉西扯。否则会冲淡主题，使听众感到倦怠和不耐烦。

幽默自嘲式

我今天不是来向诸君作报告的，我是来“胡说”的，因为我姓胡。

胡适在一次演讲时以上边这段话开头，他的话音刚落，听众顿时大笑起来。这个开场白既巧妙地介绍了自己，又体现了演讲者谦逊的修养，而且活跃了场上气氛，沟通了演讲者与听众的心理，一石三鸟，堪称一绝。所以，演讲者在开场白里，可以提到自己，这是一种与听众心理快速沟通的方法。

因此，说到自己时，可以用揶揄的、自我解嘲的口吻，能够让人感到这种自我解嘲中的乐观和幽默感。而且使用这种多少带有揶揄自己的方法开场，能使听众不自觉地产生某种优越感，在轻松愉快之中进入演讲接受者的角色。所以，不少演讲者经常以谦恭、风趣的自我评论开场，来实现与听众现场沟通的目的。但是在使用幽默式开场白时切忌使用低级庸俗的笑话或粗俗的语言。

制造悬念式

请各位同学注意看，这是一块非常难得的石头，在日本，只有我才有这样一块。

一位日本教授在给大学生做演讲前，面对台下叽叽喳喳、谈论不休的大学生们，他没有急于宣布他的演讲主题，而是从口袋里摸出一块黑乎乎的石头扬了扬，说了上边那段话。当同学们都伸长脖子想看个究竟的时候，这位教授才说明，这块石头是他从南极探险带回来的，并开始他的南极探险演讲。可见，制造悬念不是故弄玄虚，既不能频频使用，也不能悬而不解。在适当的时候应解开悬念，使听众的好奇心得到满足，而且也使前后内容互相照应，浑然一体。

开门见山式

我从17岁开始从事羽毛球运动，至今已经14年了。在这14年里，我有过成功的经验，也有过失败的教训，有过成为世界冠军的喜悦，也有过败北的痛苦。今天，我不想炫耀自己如何“过五关斩六将”，而只打算认真地谈一谈

“走麦城”。

这种开场白方式可称之为开门见山式。著名羽毛球运动员韩健在他载誉归来的汇报演讲中，就采用了开宗明义式的开场白，用精练的语言交代演讲意图或主题，然后在主体部分展开论证和阐述，具有相当强的概括力、说服力和感染力。

巧妙提问式

各位终于看到我了，主任，校长，总裁，各位贵宾，各位老师，各位小朋友！来演讲紧张不紧张？紧张，站在大庭广众面前，很多原本可以指挥千军万马的人，可是你让他讲几句话，他就完了，不敢讲话，什么原因？胆小。美国打赢南北战争的将军格兰特，能够指挥千军万马打胜仗，林肯总统请他上台给他颁发勋章，让他讲几句话，他讲不出口，请问为什么？

李敖在北大的一段演讲，开场就提出这样一个问题。同学们为了回答好问题，会集中全部的注意力来听问题。这种开场方式会使听众思考，为什么要问这个问题。问题可以由听众回答，当然也可以自问自答，还可以不答，作为一个悬念留到演讲结束，只要能达到预期的目的就够了。但要注意所提的问题要符合实际，符合客观规律，还要与听众相关，才能达到切入主题的效果。切忌问一些不符合现状或让听众反感的问题，也不能提一些非常幼稚低俗的问题，以免使开场效果适得其反。

把话讲清楚，让人听明白

极简演讲有时候会因为没有准备充分，导致演讲时出现颠三倒四、言之无序的毛病，往往一个问题还没有说完，忽然又节外生枝，岔到别处去了，说了半天别人也没有听明白演讲的内容。所以，无论是在工作和生活中，还是遇到重要的社交场合，极简演讲并不是过分强调讲话的结构性和艺术性，讲得越多越精彩，而是要在开场部分把基本观点说明确，做到主次分明，重点突出。以下三种组织语言的方法，可以增强极简演讲的条理性和逻辑性，从而把话讲清楚，让听众听明白。

开场总体概括

女士们，先生们！大家好！今天我向大家推荐一款高清电视，这款电视一经推出，便成为销售冠军，可见它的性价比高，颇受大家的青睐。这款电视机的优良性能、高超技术和物美价廉的特点是其成为销售冠军的法宝。今天我就给大家介绍这款高清电视的五个优势。

在极简演讲开场，可以参照上文，把自己所讲的内容进行全面的概括和论述，说明自己所讲内容的主题以及分为几个部分。这样的简单介绍之后，听众就会对主题有一个清楚的认识，很快地捕捉到演讲的重点，不至于等你讲完，他们还不知道你的演讲表达了什么，这样才能使你的演讲获得良好的效果。

内容分条说明

在极简演讲中，要把你演讲的内容逐条说明，或者演讲所采用的排序方式进行说明，这样听众就能清楚地知道你所表达的内容，也便于听众接收记忆，不会造成听力负担。这里需要注意的是，在对极简演讲的内容进行分条说明时，只要划分出一个层次就可以了。

比如一篇讲话分为第一、第二、第三、第四点，这样分出一个层次就足够了，不要再插入小层次了。如果你在“第一”里又分出几个小点，这样就会很容易使听众分不清主次，扰乱思维。所以，演讲中我们要注意结构简单清晰，能够让听众一听就明白。

如果你的演讲实在有很多个关键点要表达，为了方便记忆可以插入小层次，但最好不要超过七个点。因为，在人的极限记忆里面，能够记住的点最多是七个，超过七个就难以记住了，比如你有十二个点要表达，可以总结归纳成三个大的关键点来讲，然后每个关键点再延伸出三个点。

安排结构层次

在极简演讲中，要紧紧围绕主线，对演讲进行框架结构的梳理，让演讲更加条理清晰，达到有条不紊，脉络清晰的效果，这样听众就能清楚地知道你所表达的内容。作为一个优秀的演讲者，在安排演讲结构层次时，要注意：一是通篇格局，统筹安排，给人以整体感；二是主次分明，详细得当，给人以稳定感；三是互相照应，过渡自然，给人以匀称感。一般情况下，极简演讲的结构层次可分为纵向组合结构、横向组合结构和纵横交叉结构。

纵向组合结构

纵向组合结构是指按照时间的推移来排列层次，包括直叙式和递进式两种。**一是直叙式。**直叙式即以事情的发生、发展或变化过程为序，或以时间先后为序。这种结构层次比较单一，事情的来龙去脉很清楚。运用这种方法，要注意不要平铺直叙，否则演讲就会变成讲“流水账”的形式。**二是递进式。**递进式即按由浅入深的递进过程来安排结构层次，或按演讲者感情发展的脉络来安排层次。按事理展开，多采用“叙事—说理—结论”的模式，即摆情况、做分析、下结论，也就是提出问题、分析问题、解决问题；按照由浅入深的递进过程安排层次，其内容则呈螺旋式层层深入，由表及里。这样的安排，说理透彻，说服力强。而按照演讲者感情发展的脉络来安排层次，演讲起来会非常起伏跌宕。

横向组合结构

横向组合结构，或按事物的组成部分展开，或按空间分布展开，可分为简单列举式和总分并列式。**一是简单列举式。**即围绕主旨，把选取的材料逐条逐项并列排出，从不同角度来表现演讲中心。**二是总分并列式。**则常遵循总分思路辐射式地展开，并列的各部分按事物的逻辑关系分类安排，分别围绕主旨阐述一个问题，或说明事物的一个侧面。采用横向组合结构，要力戒简单罗列现象，而要注意发掘各部分材料间的必然联系，发挥整体效应。

纵横交叉结构

适用于内容丰富、信息容量大的极简演讲，以时间序列为主线，插入横向组合材料，或以横向组合为主线，在其间插入纵向组合材料。其中，纵向组合易于理解事物发展的全过程，横向组合易于分析事物各部分之间的联系和差异，可以根据具体的情况进行适当的安排。注意，在演讲过程中，千万不要让自己的思维混乱，因为语言是思维的载体，只有清晰的思维，说出来的话才会有条理，演讲才能更精彩。

第六章

语言精练，“裹脚布”谁也喜欢不起来

极简演讲往往时间比较短，所以演讲语言要力求精练，以最经济的语言输送出最大的信息量，不能讲假话、大话、空话，也不能讲过于抽象的话。这就要求演讲者在演讲中，对于自己要讲的内容经过认真领会思考，能够抓住要点，明确中心，演讲时才不会拖泥带水，紊乱芜杂。同时，还要注意文字的锤炼和推敲，尽量做到精益求精，表义得当，把抽象的道理具体化，把概念的东西形象化，让听众听得入耳、听得明白。

精益求精，一字不多一字不少

高尔基曾说过："最简洁的语言中，往往隐藏着最伟大的哲理。"当今快节奏的社会，人们不喜欢那些繁杂冗长、晦涩难懂的空话或者套话。演讲也是如此，话不在多，点到就行，这就要求演讲者在演讲时要语言精练，大刀阔斧地删除无用话语，即把"臃肿"的话变"苗条"，做到言简意赅，一针见血。可以从以下几点做起。

说在点子上比什么都重要

乔治是美国加利福尼亚州的大亨，资产逾10亿美元。某年他与商业伙伴戴维从加州飞往中国某大城市，准备投资建厂，寻找合作伙伴。三天后，乔治坐到了谈判桌前，谈判对象是我国某一大型企业的领导。这位领导精明能干，通晓市场行情，令乔治颇为欣赏。听了这位领导对合资企业的宏伟设想后，乔治感到似乎已看到了合资企业的光辉前景。准备签约时，忽听这位领导又颇为自豪地侃侃而谈道："我们企业拥有2000多名职工，去年共创利税700多万元，实力绝对雄厚……"听到这儿，乔治暗暗地掐指一算：700万元人民币折成美元是100余万，2000多人一年才赚这么点儿钱？而且，这位领导居然还十分自豪和满意。这令乔治非常失望，离自己预定的利润目标差距太大了，如果让这位领导经营的话，是很难有较高的经济效益和利益的。于是决定立即终止合作谈判。

从这个例子中我们看到，如果那位领导不说最后那句沾沾自喜的话，谈判也许会以另一种结局而告终。那位领导谈判最后那些不着边际更是画蛇添足的话，不仅暴露出他自身的弱点，而且令外商失去了合作的信心，最终撤回投资意向，的确是多余之至，应该引以为戒。

在演讲中，有的人习惯于喋喋不休、滔滔不绝地高谈阔论，而又词不达意，语无伦次，让人听而生厌；还有的人喜欢夸大其词，侃侃而谈，说话不留余地，没有分寸，这样都容易造成画蛇添足的恶果。因此，我们“在开口之前，应先让舌头在嘴里转十个圈”。把多余的废话“转掉”，准备一些简单明了的话，一开口就往点子上说，千万不要东拉西扯，不知所云。

言语中肯可避免乏味

“在我有生之年，今天恐怕要算是一个最值得纪念的日子。我十分荣幸，因为我能够和诸位认识，如果我们今天的聚会是在两个星期之前，那么，我站在这里就会是一个陌生人了，因为我对于诸位的面孔的认识还只是极少数。我有机会到南煤区的各个帐篷里去看了一遍，和诸位代表都作了一次私人的个别谈话，我看过了诸位的家庭，会见了诸位的妻儿老幼，大家对我都十分客气，完全把我看作自己人一般。所以，今天我们在这里相见，我们已经不是陌生人而是朋友了。”

1915年，科罗拉多州煤铁公司的矿工要求改善待遇，为此举行了罢工，因为公司方面处置不善，这次罢工又演变成了流血的惨剧，劳资双方都各自走了极端。这次罢工，持续了两年之久，成为美国工业史上一次有名的大罢工。那时管理矿务的人就是美国石油大王洛克菲勒的儿子。这位小洛克菲勒对罢工运动的代表们作了一次十分中肯的演说，两年来的罢工风潮竟完全解决了。正是因为小洛克菲勒的讲话没有华丽的辞藻，话语中肯，引起了矿工广泛的共鸣，才使科罗拉多州煤铁公司脱离了困境。

在工作和生活中，我们经常会遇到这样的情况，不管是听别人讲课，领导做报告，还是和周围的人聊天，都会听到言之无物、空洞乏味的讲话。上面讲得很热闹，下面听众却觉得困顿乏味，嫌内容假大空，虚无缥缈，让人不知所云。为什么会出现这种情况呢？问题在于演讲者没有很好地理解自己的演讲内容，自然不可能用精练的方式表达出来，给听众一个内容充实、言之有物的演讲。

学会筛选和过滤

“时间一直向前迈进，在1776年的英雄，已经成为过去了，他们是被安置在另一个世界中了。但是，那位英雄，已经长眠地下，他的年老衰颓而且又跛的遗孀，此刻来到我们的前面，请求替她申冤。在过去，她也是体态轻盈、声音曼妙的美丽少女，现在她贫无所依了，没有办法，只好来向享受革命先烈所争取到的自由的我们请求给予同情的帮助和人道的保护。我现在所要问的是，我们是不是应该援助她？”

有一天，林肯律师事务所来了一位行走蹒跚的年老寡妇，她是一位阵亡士兵的妻室。她向林肯泣诉，说她应该领取的400美元的抚恤金被一个发放抚恤金的官吏强索去200美元的手续费。这件事，林肯听了勃然大怒，为她向法庭对那个官吏提起诉讼开庭的时候，林肯用愤怒的目光说出了上面这段话。这段话言之有物，且态度严正，情感热烈，当林肯把这段话说完，居然有人感动得流下眼泪，大家一致认为那位老妇人的抚恤金是分文不能少给的。法庭最后分文不少地追回了士兵遗孀的抚恤金，严肃审判了那个官吏。

由此可见，话不在多而贵在精。演讲中要尽量用简洁的话，准确表达出自己的全部意思。学会“筛选”“过滤”，从而选出最精辟的、能恰如其分表情达意的词句，用最简洁的语言表达你的观点。只要能把所要陈述的意思表达清楚，并引起他人的共鸣，不管语句多么简短，都能达到目的。

说让人易懂的“人话”，更接地气儿

很多人的演讲表达，让人听不懂或者不太容易理解，尤其涉及比较专业的术语。所谓“通俗易懂”，就是广大人民群众都能听得懂。如果听众听不懂你在讲什么，你讲得再高深、再专业，也只能是孤芳自赏。所谓弹琴看听众，说话看对象。演讲时心中要有听众，意识到自己是讲给他们听的。如果他们是普通的工人、农民、市民，就必须使用浅显、平易、朴实的语言，尽量少用专业术语，更不可咬文嚼字，故作高深，否则别人不易接受。如果听众是具有较高文化素养的人，语言就可文雅些，让自己的谈吐适应他们的水平。

当然，能够做到雅俗共赏是最理想的，那将使你拥有更多的听众。但无论如何，为了接近群众，和群众交流，并受其欢迎，演讲语言还是要通俗易懂，才能更接地气儿。

可以说点白菜话

“白菜话”就是指口语，当然演讲中的口语是指那些能够让大多数人听懂的口语，而不是方言土语。也就是说多用简洁明快的短句，少用冗繁复杂的长句和欧化的倒装句。多用通俗易懂的常用词，少用某些特殊专业或范畴专用的非常用词。多用音节清晰、语调铿锵、易于听懂的词，适当运用一些社会流行的富有生气和活力的新词语。不要张口闭口不是孔子孟子，就是绝句诗词。

现代汉语的词语，从声音效果来说，通常是双音节或多音节词比单音节词容易让人听得清楚。为适应演讲表达“口传”“耳收”的特点，演讲应多用双音节或多音节词。比如，说“当我走上演讲台时”就不如说“当我走上演讲台的时候”顺口入耳。说“因我没经专门的演讲训练”就不如说“因为我没有经过专门训练”舒缓清晰。

巧妙运用熟语

口语因为在人们口头长期流传，渐渐固定下来，就成了熟语。熟语具有丰富的内容与精练的形式，包括成语、惯用语、谚语和歇后语等。它们虽然字数少，但寓意深厚，言简意赅，若运用得当，可使言语简洁，增强演讲的效果。

成语的运用

成语是约定俗成的固定词组，具有稳定的结构和整体性的意义。它是经过千锤百炼而约定俗成的相对固定的语言形式，具有很强的概括性和丰富的表现力。如果我们在演讲中能恰当准确地运用成语，会大大提高语言的精练程度。比如要表达“立了功而不把功劳归于自己”的意思时，可以说“功成不居”；要表达“巴结或投靠权势者从而猎取个人名利”的意思时，可以说“攀龙附凤”。

惯用语的运用

惯用语是定型的习惯用语，它简明生动，含义单纯，通俗有趣。如要表达为某人或某事“提供方便”的意思，可以说“开绿灯”；如要表达空许诺言的意思，可以说“放空炮”。恰当地引用惯用语，可以增强演讲和谈话中的幽默感和说服力。

谚语的运用

谚语是劳动人民的社会生活经验，经过长期传播在群众口头流传的通俗而含义深刻的固定语句。它富于哲理，句式匀称，音调和谐，具体通俗，形象生动，运用得当能大大增强表达效果。如要表达“思乡”的意思，可以说“在家千日好，出外一时难”“树高千丈，落叶归根”之类的谚语。谚语经历了千百年的长期流传，千锤百炼，因此常为讲演和谈判者使用。

歇后语的运用

歇后语也是口语的一种，带有隐语的性质，它的前一部分是比喻或说出一个事物，后一部分才是要表达的真意。如你要表达“两面讨好”这个意思，可以说“快刀切豆腐——两面光”；如果你要表达“假情假意”的意思，可以引用“下雨出太阳——假晴（情）”这样的歇后语。这样会使你的话生动活泼，饶有趣味，给听众留下鲜明深刻的印象。

演讲中最忌不合时宜的文白夹杂和滥用深奥生僻的成语典故，因为它不仅说起来聱牙，而且听起来也晦涩难懂。如有的演讲词说：“我们都是而立的青年，倘不努力奋斗，成功的希望就会化为乌有。”一句话夹杂了“而立”“倘”“乌有”三个古语词，表达十分别扭。至于那种对农民群众作演说也满口“东施效颦”“邯郸学步”“杞人忧天”之类成语典故的做法，是不可取的。

尽量使用短句式

现代汉语句式多样，为句子选择提供了广阔的天地。从句子的长短来说，在通常情况下，形体简短、修饰成分和连带成分少的短句比长句更适合于口语表达。演讲应避免使用那种带着“学生腔”“八股味”的过长句式，也要避免使用仿制的欧式句。比如，有这样的演说词：“同学们，我们一定要学习战争前线战士那种像漫山遍野的小草一样，无人知晓却绿遍天涯的默默无闻、无私奉献的崇高精神。”句子过长，说起来拗口憋气，听起来也不容易把握语义的中心。再如：“作为被人们称作时代幸运儿的20世纪80年代大学生的你们，应该为自己的理想而努力奋斗了，如果你们已经确定了自己的奋斗目标的话。”仿制的欧式句，很不适合中国大众的口味。

适当叙述或抒情

演讲大都是议论性的，说话的口气往往带着“论辩”的色彩。但是，如果一直用“论辩”口气做演说，就会给听众一种居高临下、傲视他人的感觉。假若能适当地采用叙述或抒情的方式，口气也会变得和缓、亲热、平易起来。用亲切的叙事和热烈的抒情来代替抽象、空洞的议论，或在议论中插入生动的故事，已成为现代演说的共同特征，如大家所熟悉的李燕杰、曲啸、张海迪、蔡明东等人的演讲，都有这个特点。

重视遣词造句

要想演讲有出彩的语言，必须重视演讲的遣词造句，因为用词是演讲出彩和成功的关键。如果演讲中用词匮乏，必然导致词不达意、啰唆干瘪，也会让听众不知所措。法国作家福楼拜是锤炼演讲语言的一个典范，为了得到想要的几句话，他常常会反复斟酌一个月之久。所以，演讲用词得当，才能简洁、明快。

用词要鲜活

在我成长的年代里，我不知道什么是新闻。广播学院考试容易过，逃课没人抓，课外书随便看，我是因为这个才报考广播学院的。现在，考广播学院，恨不得有北大、清华的分数才能进热门专业，所以我说，我买的是“原始股”。北大很牛，不是现在在那里上学的学生造成的。我们要用自己的努力，把一个学校从无名之辈变成名校，要成为“原始股”的购买者。人家买的是“期货”，不是“现货”。我夫人认识我的时候，我什么都不是，只是一个很可爱的人。对于爱情来说，这个就够了。但是，现在一些女孩子要用房子、车子来衡量是否要跟他拥有爱情。对于“60后”来说，连上大学都是懵懵懂懂。房子太贵，我们这一代人从来都没有想过能买自己的房子。有人说，我们在上海漂流，是“蚁族”。但是我们这一代连漂流的机会都没有，你们的痛苦是让我们羡慕的幸福。

白岩松在《青春，用理想和现实谈谈》的演讲中的这段话，用词非常鲜活。众所周知，“原始股”是公司上市之前发行的股票；“期货”是现在买卖，将来交收或交割的标物；“现货”是指可供出货的实物商品；“蚁族”是对“大学毕业生低收入聚居群体”的典型概括。这些词语是行业术语、生活习语、网络热词，被白岩松置于特定的语境中，产生了特殊的内涵，既易于听众理解，又将道理说得很清楚。

准确，准确，再准确

我不知道“但是”这个词，刚发明的时候，用在句子里，是不是对它所表述的前半部的分量一视同仁？也就是说，它只是一个公平的纽带，并不偏着谁、向着谁。可惜，在长期的运用过程中，“但是”这个词成了类似音乐简谱中“符点”的标记，把后面半拍的节奏挪到前面去了。当人们看到、听到这个词的时候，无论在“但是”的前面堆积了多少美好的东西，都像碰上盐酸的污垢，冒了些泡沫，就没了踪影。我们记住的总是“但是”后面的转折，如同好不容易爬上高坡，还没来得及喘口气，“但是”这个陡峭的下坡就不由分说地把你掳住，一下就滑到了谷底。于是，“但是”几乎成了贬义的先兆。只要一出现，气氛就大变。它成了把人心捆成炸药包的细麻绳，成了马上会有冷水泼面的前奏曲。“但是”便在这种频频警戒的气氛中，削减了平凡的连结之意，添加了沮丧的灰色意味。

著名作家毕淑敏在一次演讲中，毕淑敏以“抵制‘但是’”为切入点，用准确、贴切的词语揭示出人情的微妙之处。“挪到”“堆积”“碰上”“掳住”“滑到”“捆成”“削减”“添加”等一系列词语的准确运用，形象地说明了“但是”的泛滥造成的负面影响，有效激起了听众对“但是”的深入思考。

所以，我们要在平时多多学习和积累词语，并善于根据表达的需要调兵遣将，准确运用。这样，演讲语言就能恰到好处地传递信息、宣扬思想和抒发感情，才能真真正正让听众愿听、爱听。

多用具体词才生动

具体词是指具体直观的词汇，主要是指可感物体的具体字词，比如人、地方和事物。多用具体词，演讲会更清晰、更有趣，也更记得住。这些词跟抽象词不一样，抽象词指称普通的概念，品质或性质。“胡萝卜”“鼻子”和“门”都是具体词，“人性”“科学”“进步”和“哲学”都是抽象词。一个词越抽象，它所具有的双重意义就越多。虽然抽象词在表达某些思想时是必需的，但是，它们比具体词更容易造成误解。同时具体词在唤起听众注意力方面更有力。比如，你发表一个有关火蚁的演讲，可用抽象词和具体词两种方式讨论。

抽象词：火蚁自南美蔓延到美国后，成了一个大问题，而且一直得不到解决。火蚁遍布南方，现在又威胁到西部地区。这是一个很严重的问题，因为火蚁极具攻击性，已经出现了火蚁造成的人身伤亡。

具体词：“二战”前火蚁从南美传到美国后，像瘟疫一样传遍了从佛罗里达到得克萨斯的十一个州。现在，火蚁又入侵新墨西哥州、亚利桑那州和加利福尼亚州。火蚁成群攻击，不管是谁的脚，只要一踏入错误的地方，几秒钟就会有火蚁叮上去。它们甚至还进入室内，爬上衣服，床上，钻进橱柜里。好在被咬的人中只有不到百分之一的人需要去看医生。但是，不小心躺在蚁冢上的小孩有时候会被叮死，高度过敏的成人也有可能被叮死。

由此可见，具体词的使用不仅可以消除混乱，还可以使我们的演讲语言简洁活泼，让听众更清晰地接受演讲内容。

别让习惯用语毁了你

很多人在日常讲话中有一些习惯用语，会不由自主地带到诸如演讲这样的正式场合中。而很多这样的习惯用语能立刻毁掉演讲，使演讲传递价值的效果大打折扣，即使是一些职业主持人也不能幸免。

没有意义的语气赘词、连接词

一段流利的演讲会带给听众比较舒服的感觉。相反，如果停顿过多，或者嗯呃之类的打断过多，无疑会让听众分散注意力，甚至让人有些不耐烦。偶然出现的一些赘词不会影响到整篇演讲的激情和信息。即使如此，仍然应该尽量减少这种语气词。它们不但不能传达任何信息，这样的表现还会影响个人信誉，让听众觉得准备不充分、不自信。不恰当的连接词也会给演讲带来负面影响，比如太多的“然后”“不过”“但是”会让听众很困惑，会弱化演讲表情达意的效果。

缺乏说服力的修饰语

含糊不清的词汇和短语往往减弱了演讲者所表现出来的诚意，不能给听众以坚强果断和直接的印象。这方面的例子有“据我所知”“也许”“就大的方面来说”“有点儿”“差不多”。演讲者之所以使用这些词语，有的是出于习惯，有的是对自己的陈述缺乏自信，不想坚持观点。还有的是试图掩饰自己真实的想法。这些词语流露出演讲者为自己留后路的心态，以及缺乏自信的事实，大大削弱了演讲的说服力。即使对某些事实没有把握，也可以如实描述，用坚定而有力量的方式表达出来。

幽默风趣永远受欢迎

美国著名笑星鲍勃·霍普说：“题材有出色和平庸之别，但我知道如何通过语言的表达，来使普通的话题变成很棒的笑话。”可见，只要演说者善于运用幽默，即使再普通的演说主题，也能演说得很精彩。反之，再好的演说主题，如果演说者不够幽默，整个演说也会显得很乏味。东方人较缺乏幽默，经常一副现代兵马俑的模样。因此，上台时可以多运用幽默诙谐的机智，给听众良好的印象。通常较幽默的人会给听众一种聪慧机智的好感，是演讲中非常重要的元素，那么，如何让演讲幽默呢？

把常见词换成仿意词

一天，鲁迅在讲一篇《西南荒经》的小说，里面提到一种叫讹兽的动物。传说，讹兽是一种充满灵气的妖兽，其肉鲜美，但人吃了后就无法说真话。虽然起初学生们对讹兽很好奇，但是，毕竟是传说，又没人见过，所以他们听得懵懵懂懂，兴致不高。这时，鲁迅插上一段生动的问路故事：说是有一个人到旧上海找一个地方，走到一个岔路口时，他不知该如何走了，便向周围的人问路。一个人说向东，一个人说向南，还有一个人说向西，三个人回答了三个方向，问路人啼笑皆非。讲述之后，鲁迅幽默地来了一句：“大约他们都吃过讹兽吧！”此言一出，学生们顿时哄堂大笑。笑声过后，学生们都全神贯注地听鲁迅讲课了。

对于讹兽这一传说中的动物，学生们虽然很感兴趣，但由于不够了解，便觉得索然无味。如果把这个词用一个笑话讲出来，学生们哈哈大笑中，不仅加深了对讹兽的理解，又接受了教育。可见，演讲中可以把一些常见词替换成仿意词，则会创造出新意来，从而引起听众的兴趣。因此，演讲的语言要体现出风趣的幽默感，就要把常见词改成仿意词：如不是开小差，而是开大差；满心“婆理”而满口“公理”的绅士们；“铡”掉了一个“陈世美”，还有许多“李世美”“西世美”“东世美”。这样，会让听众听来易懂会意、语言生动活泼引人入胜。

善于自我嘲讽

那么，你们知道我为什么会被邀请在你们的毕业典礼上演说吗？我想在所有哈佛大学的辍学生中，我是做得最好的，所以我有资格代表我这一类学生讲话。同时，你们应该庆幸，我没有出现在诸位的开学典礼上。因为我是个有恶劣影响的人，我要提醒大家，我曾经使得微软总经理也从哈佛商学院退学了。所以，假如我在你们入学欢迎仪式上演说，那么能够坚持到今天在这里毕业的人可能会少得多吧！

比尔·盖茨的演说之所以能够如此受哈佛毕业生欢迎，是因为他抓住学生的心理需求并不断运用幽默自嘲。他知道，自负的哈佛毕业生们渴望听到的不是谆谆教诲，不是怎样才能成功的废话，更不是盖茨个人的奋斗经历，因为这些他们早就知道了。通常来说，能在公众场合发表的演说都是比较好、比较正式的主题，都是些带有鼓舞性、说服性、抒情性和表演性的内容。但我们不能因此就一定要端起架子、板起面孔，做枯燥无味的陈述，不妨像比尔·盖茨那样善于自我讽刺，演讲就不会因此而乏味。

不妨制造一些小意外

在剑桥大学的一次毕业典礼上，整个会堂有上万名学生，丘吉尔说了一句话：“Never give up！”（永不放弃）说完后就离开了会场。这句演讲巧妙完美地总结出了丘吉尔成功人生的秘诀，失败者与成功者的区别其实并不大，仅在于其能否坚持下去。曾经被人称为“笨小孩”的丘吉尔的这句演讲，既是对自己人生的总结，也是对毕业生的期盼和勉励。

再比如1948年美国著名演员健惠曼因为在电影中成功地扮演了一位聋哑人而获得了奥斯卡大奖，他领奖时的致辞也只有一句话：“我因为一句话没说得奖，我想我该再一次闭嘴。”这句诙谐幽默的演讲，既概括了他自己的获奖原因，又谦虚地表示了自己的感谢。观众无不为健惠曼精彩的演讲叫绝。

还有艾森豪威尔的一次演讲，他在1948年至1950年间担任哥伦比亚大学校长，经常应邀出席各种宴会，在一次宴会上几位名人做了长篇演说，主持人最后请艾森豪威尔讲话，他一看时间已经不早了，决定抛开他已经准备好的演说内容，站起来即兴发挥：“每一篇演讲不管是写成书面的还是其他形式都有个标点符号，今天晚上我就是标点符号中的句号。”后来他对别人说那是他最著名的演讲之一。

利用谐用和歧义

谐用具有隐含表达的语言，言近意远的深意，适可而止的运用会让演讲更深受听众喜欢，能在轻松快乐的氛围里接受。如果常用名人名言、诗词、成语等谐音，这种随机应变，视环境转换灵活运动的婉转效果，会让你的演讲具有动人的魅力。比如，问：汪师傅三次申请解决住房问题，为什么至今还不解决？答：听李书记说，他每次都是无“礼”要求。

也可以采用容易产生矛盾的、故意造成歧义的词语。虽然语言的歧义容易造成理解的混乱，但从修辞角度来看，汉语一词多义的特性最能满足幽默矛盾性的特性。比如：有个食品店经理把“月饼”写成了“日饼”，引得人们议论纷纷。顾客纷纷指着招牌说：“你写月饼的‘月’字，写的是个白字呀！”经理反过来笑话人家：“你再看看，这哪里是‘白’字，‘白’字头上还有一撇呢！”

第七章 讲究修辞，声情并茂的秘密武器

演讲是一种融内容的真、意图的善、语言的美为一体，以感召听众为目的的言语表达艺术。它以流动的声音运载着思想和情感，直接诉诸听众的听觉器官。为了增强表达效果，使演讲的语言更加形象生动，更富有艺术感召力和表现力，演讲者纯熟地使用语言的修辞手段是必不可少的。

善用故事的形式呈现

讲故事是演讲常用的方法之一。主要有三个原因：一是故事能让听众有更加深刻的印象，易于听众对重点的长久记忆；二是故事是通俗易懂的，所以很利于听众对你所演讲主题的理解，有助于提高你的演讲质量；三是故事带来的必定的效果，就是可以非常有效地活跃气氛。无论大人，还是小孩，每一个人都有一颗爱听故事的心，因为故事可以满足人们对于理想、美好人生的向往。同时，从故事中也可以学习很多的人生哲理。对于演讲者来说，讲故事是演讲比较容易掌握和操作的方法，那么，如何在演讲中用故事的形式呈现内容呢？

故事选择的“四原则”

演讲中，故事的来源有很多的途径，包括自己看故事书籍、听别人讲故事、自己编故事等。但并不是什么故事都可以作为演讲的材料，要有选择的原则，主要有以下四个方面：

相关性

故事一定是为了更好地说明主题、阐述知识点的，而不仅仅是活跃气氛。

针对性

不同的人群对故事的理解习惯不同，切记要针对不同人群选择不同故事，特别是对于我们性格截然不同的客户经理和柜员来说。

积极向上性

故事切记不可太俗，更不能是黄色笑话——这是演讲的一大禁忌。

新颖性

故事不可太俗，也不可太熟。听众都知道的故事对他们来说就不可能有太多吸引力了。

讲故事的“七要素”

在演讲中讲故事，要带有强烈的主观色彩，让自己的情绪渗透其中，这样表达出的内容才具有感染力。而要做好这一点，就要把握好讲故事的“七要素”：

角色定位

将听众拉入故事角色，可以制造“笑果”和“参与感”。但不可将不好的角色给听众，一般给演讲者自己。

绘声绘色

不仅要讲，更要有“演”的成分，要把人物的声音、神色都描绘出来，描述生动逼真，甚至可以用到视频、音频和图像等。

善于设疑

通过提问、层层深入、引人入胜。

导入常识

讲故事的过程中，加入一些常识性的内容，可以增加故事的真实感。

描述细节

细节也可增加故事的真实感，同时更能打动人。

总结升华

在演讲时，演讲者不能讲完故事就了事。一般故事结束后，演讲者要结合演讲的主题内容进行总结升华。

让听众分享

若有个别观众知道你要讲的故事，可以鼓励听众来讲，就和我们生活中关于遭遇高手时的处理方法一致。其实很多时候通过听众的口来分享比我们直接讲要好得多，当然前提是我们必须确定能把控现场。

讲故事的“五关键”

讲故事有五个要素：何时、何地、何人、何事、何故。一个故事包括这五项内容，才算表达清楚。“何时”的表述要开门见山，警示性地引起听众的注意；“何地”的表述要尽快进入场景，这样才会突出你想表达的主题；“何人”的表述要有名有姓，这样才显得真实，也方便听众厘清思路；“何事”的表述应注意具体化，描述细节化；“何故”的表述相对不太重要，是对听众的一个心理释放。

其中，讲故事最重要的是对“何事”的讲解，换句话说也就是重现场景。重现场景的一个技巧就是表达具体化，描述细节化，这才能使听众以一个一致性的画面进入情节，限制听众的随意思考。如果给听众思考的机会，听众的反应就会不一致，“不一致”在社会心理学中意味着心理互动的失败，演讲就不能达到最佳的效果。

讲故事要避免的六个雷区

雷区一：用模糊的概念

“可能是甲可能是乙”“好像是1987年”，这样模糊的句子会转移一部分注意力，并让你故事的真实性下降，而且肯定直接导致你的说服力下降，相比之下，直接确定为甲，或者直接说1987年，故事则显得更加有说服力。

雷区二：用解释性的语句

尽量用描述性的语言“因为……所以……”。在描述故事的天气时，你说“那天因为天气很热，所以我穿的少”，就不如“那天天气太热，我只穿了个裤衩”；说“因为台子有8米高，所以我站在上面发抖”，也不如“我站在8米高的台子上，双腿发抖”，这样不会使人的思维走岔路。一个表述要使思维方式不同，势必会影响到内容的表达。

雷区三：太谦虚的开场白

“我记得不太清了”“可能讲得不够生动”等这样无疑会打击听众的信心，认为从你的讲话中学不到什么东西，而且你自己连这个自信都没有如何让听众信服。所以合理的做法是，确定而自信地讲述，吸引听众的注意力，人们往往被心理期待所吸引。

雷区四：第一句话的语调和语速没有吸引力

如果第一句话较有力，那么首先会吸引听众的吸引力，再下面的故事陈述就会流畅很多，所以在讲话前，要吸气稳一下自己的心神，然后再开始，不要慌慌张张开始。

雷区五：没有事实侧面反衬

讲故事时，如果时刻注意用事实来侧面反衬，会给听众的印象是生动的，形象和记忆是深刻的。如说害怕，说事后发现衣服湿透了，则更加逼真。

雷区六：不能快速抓住主题

快速进入主题，能够迅速地将自己的观点传达给听众。一个话语啰唆的演讲者往往讲半天话还在兜圈子，但听众已经不耐烦了，这样的演讲很难达到预期的效果。

善用对比，演讲有力

没有比较就没有鉴别，有对比才能出真理。许多成功的演讲者都运用睿智的对比来说明问题，从而让听众领悟道理、大开心智。这样的演讲，自然更有思辨力、说服力和感召力。

纵向对比

纵向对比是指对同一事物在两个相对、相反方面的比较，也可称一体两面比。通过纵向比较提示认识对象在不同时期、不同阶段、不同方面的特点及变化发展的趋势。它的优势在于突出赞誉价值，促使听众的认识由表层深入本质，由感性升华到理性。

王永庆的吝啬故事花样繁多。他对穿着的要求是大方整洁，从不计较衣服的新旧及款式。他用的肥皂剩下一小片，还要沾在整块上继续使用。每天做健身操，一条毛巾用了27年；他在台塑总部顶楼开辟了一个菜园，母亲去世前，他吃的都是自己种的菜。他曾在接受记者专访前，把奶精倒入咖啡，还把奶球放在咖啡中涮三次，确定奶精全部融入咖啡。等到送走客人，再把剩下的咖啡喝完。有人说王永庆骨子里是个穷人，也是有根据的。可就是这样一个“穷人”对慈善事业却出手阔绰，次次都是大手笔。早在2004年，王永庆就宣布捐助30亿元，在大陆兴建1万所明德小学。2005年，王永庆启动了一个名为“听力重建启聪行动”的项目，捐赠了总价值1亿元人民币的774套人工耳蜗，通过手术和康复训练，帮助大陆29个省区市600多名贫困儿童回到了“有声世界”。2008年汶川大地震发生后，台塑集团向灾区捐赠1亿元人民币，成为台湾捐款最多的企业。多年来王永庆掌管的台塑集团在台湾投入的慈善捐款已接近90亿元人民币。

演讲都采用纵向对比的手法，为我们展现了一个真实的王永庆。他的个人生活不显摆、不乱花、不享受。对慈善事业却大手笔、大气魄、大奉献。对自己吝啬，对他人慷慨，正是王永庆真正令人尊敬的地方。虽然他的生活节俭如穷人，但他在给予中收获了更多的幸福。演讲者在王永庆的“吝啬”与“慷慨”之间进行对比，产生了巨大的反差，让听众思考和探寻王永庆的内心世界，从而认识到，那些对吃喝玩乐一掷千金、挥霍无度，对弱势苦难却视而不见、一毛不拔的人，只能说是金钱的富人，而王永庆不只是金钱的富人，更是精神的富人，他才是真正的富人。

横向对比

所谓模向对比即此事物与彼事物、个别事物与一般事物之间的比较。它是识别是非曲直、高下优劣、真假美丑的一种有效的说理方法。演讲者通过比较双方在相关方面的差异，并分析造成这种差异的原因，以便突出人物或事物的特征，表达鲜明的思想感情，传递明确的价值取向。

在演讲《赢取职场卡位》中，演讲者娓娓道来，向听众讲述自己与师兄初涉职场时的不同遭遇：

1999年我大学毕业时，有两份工作可以选择。一份是广州番禺一家公司的生产管理培训生，月薪3900元，另一份是佛山顺德一家企业提供的类似岗位，月薪1500元。毫无疑问，我选择了前者。6年后，我离开番禺那家公司的时候，职位是区域人力资源经理，月薪超出一万元，公司还为我提供了一套两室一厅的房子。这听上去，还行吧？

但是，我后来知道，我有个师兄1998年就进了顺德那家企业，当时还处于亏损状态，但我的这位师兄不发怨言，不说怪话，而是把心思都集中到自己的工作中，心无旁骛，全力以赴。两年后，他所在的企业进行改革，又三年后，开始市场发力。到2005年时，师兄年薪加上公司业绩已超过100万元，而且还有股票分红。

这样巨大的差异是不是因为个人能力造成的呢？我认为不是。因为一个企业内部的机遇是局外人不能想象的，身为组织中的一员，只要你有一定的能力，后续的职位、薪酬增长也会是爆发性的。也就是说，职场是一场“卡位战”，占据一个好位置，就取得了胜利的先机。

演讲者将自己与师兄放在一起进行横向对比，一个待遇优渥，一个薪资微薄；一个是盈利公司，一个是亏损企业；一个暂且安稳，一个潜力巨大。几年之后，彼此差距有了天壤之别。原因不在两人的能力差别，主要在于个人所在单位的后劲不一。换言之，演讲者的意思是：一个人是谈不上职业发展的，只有其所在的行业和组织有发展，个人才可能随之发展。这番比较，通俗易懂，两人的不同选择、不同结果启示听众，不要只图眼前的利益而草率决定，选择一个适合自己的行业与组织，才会做得更积极与长久。

纵横结合

纵横结合比较，就是将纵向比较和横向比较结合起来。横向比较的优点是现实性强，容易理解，便于掌握，它侧重从重与量上对认识对象加以区分。而纵向比较的长处在于能够揭示事物之间的有机联系和事物之间的发展趋势。

有时，两者结合，相得益彰，演讲更有力量。

在一次环保知识讲座中，周教授作了《环境保护与可持续发展》的演讲，里面有这样两段话：

今年暴雨成灾的地方，大多发生在林木稀少、森林覆盖率低的地区，而在森林多、覆盖率高的地方，尽管暴雨程度相近，受灾程度却要轻得多。

根据科学部门调查，地处嘉陵江边的苍溪县龙王公社，由于“大跃进”中森林砍伐殆尽，1964年三天内降雨250毫米，冲毁土地一百多亩。以后，这个公社重视了植树造林，森林覆盖率恢复到30%，这次两天内降雨290毫米，土地却一亩也没有被冲毁。新都县三河公社龙门大队，从19世纪60年代开始植树造林，全队平均每人有树和竹子38丛，这次洪水灾害中，有26户倒塌房屋，冲毁农田7亩半。条件相同的长桥大队，每人平均只有10丛树和竹子，洪水一来，60多户倒塌房屋，冲毁农田160多亩。

这部分演讲用了两个例子来说明森林对防洪抗灾的重要性，很有代表性，很有震撼力。第一个事例纵向比较，将苍溪县龙王公社两次受灾的情况进行对比。同是一个公社，两次雨量差不多，为什么灾情却大不相同呢？第一个事例是龙门大队和长桥大队进行横向对比，两个大队条件相同，结果是树木和竹子多的龙门大队比树木和竹子少的长桥大队灾情轻。由于进行了纵横比较，演讲者清楚有力地说明了森林与洪灾之间的科学关系，观点令人信服。

实践证明，通过对比，可以突出事物的特征，给听众留下鲜明的印象。通过对比，可以把道理说得清楚明白，让听众易于接受。通过对比，可以揭示事物本质，进一步提高认识境界。总之，恰到好处地运用对比，能为演讲增“力”，掌握这种演讲的制胜武器，实在很有必要。

数据，让说服无懈可击

在很多演讲当中，演讲者都喜欢用数据来说明问题，证明自己的观点。比如马云的演讲，备受欢迎，而且具有超强的说服力，而他在演讲中就非常善用数据。2017年马云在底特律演讲，他说在过去的“双十一”狂欢节中，淘宝一天就达到了178亿美元的销售额；在过去的“6·18”活动中，不足5分钟就售出了200吨奶粉，把现场3000多名美办企业家激发得热血沸腾，对中国市场充满了渴望。这就是数据的力量。

使用明确的数据

“我们迄今已经售出了400万部iPhone，如果你用400万除以两百天，结果就是平均每天售出两万部iPhone。我非常高兴地向大家汇报，我们迄今为止已经售出了400万部iPhone。”或许很多人觉得话讲到这里就已经可以了，理论上来讲，这个已经很形象了，大家也都有了很清晰的认识了，但是乔布斯又讲出了后面的一句话：“每天两万部，很庞大的一个数据了。在这段很短的时间里，iPhone已经占据了20%的市场份额。”20%的市场份额，非常惊人的成绩了，但是乔布斯还是没有停下来，接着乔布斯干了另外一个事情，把目前市场的手机的市场份额比打在了幻灯片上，其中第一名是黑莓，占比39%，第二名是iPhone，占比19.5%，然后乔布斯把iPhone市场占有的份额和其他竞争对手的手机所占的市场份额做了一个对比，他得出的结论是iPhone的市场份额是其他三家的总和。

上面这段演讲是乔布斯在2008年MacWorld大会上召开iPhone 200天生日庆生会时候所讲的一段话。在这段演讲中乔布斯没有使用太多的数据，仅仅是从iPhone的销量谈起，没有各种复杂的算法，没有复杂的数据结构，没有特别多的数据种类，只是把和iPhone相关的数据做了一个延伸，使得整个演讲的效果达到了空前的好。关键在于一是数据使用非常具体，无论是400万还是20%，都是很明确的数据。二是数据的目的性非常清晰，所有的数据都是为了佐证iPhone的市场份额。三是把数据的效果放大化，400万部，200天内，或许很多人觉得无所谓，但是当分解到每天两万部的时候，对很多人就会产生很大的震撼力。

把数字具象化

苹果在推出5GB的iPod的时候，乔布斯说5GB能够提供1000首歌曲，iPod只有0.19千克，非常小巧，以至于它能“直接装进你的口袋”。演讲中，乔布斯从裤兜里掏出了一个iPod，现场的观众看完之后立刻就沸腾起来了，以至于媒体在宣传iPod的时候的词语都是“把1000首歌装进你的口袋”。

对于5GB，首先，这个数字对于很多人而言是没有概念的，但是1000首歌就不一样了，大家能够很容易想象到1000首歌的概念是什么样的；其次，就是“5”本身是一个很小的数字，但是通过“1000”就把整个数据放大了，给人心理上的感觉会好上很多。再打一个简单的比方，很多人对电脑的性能是没有概念的，这个时候就延伸出来一个叫作“开机速度”的东西，通过开机速度来人为地创造一个概念，特别是360还出了一个“你已打败全国多少人”的提醒，就能让很多人通过这个数据大概了解自己的电脑性能如何。

不能脱离语境

我记得2003年第一次开始思考做网商大会的时候，2003年整个淘宝的交易不到一个亿，今年淘宝网的交易会过一万亿，变化一万倍，网商从一个概念到落地，到今天变成中国主要的一个商帮力量，在改变着、影响着中国。

上面的一段文字是阿里巴巴教主马云先生在第九届网商大会上的演讲，这篇演讲很多人都觉得非常有震撼力，很容易受到感染。马云在里面用了很多的数据，讲到最后很多人几乎沸腾了。每一个行业都会有自己的数据，但是几乎所有的演讲者都没有把这些数据变得有意义、有趣味。大家可以看看李开复老师的演讲PPT，满屏幕都是数据，但是鲜有精彩绝伦的关于数据方面的言论。所以，对于任何行业的人而言，脱离了语境的数据都不会给人留下什么深刻的印象，只有把数据放到一个情境之中，结合人们熟悉的事物来讲解的时候，才能够让数据更有意思、更有说服力，才能够真正地实现用数据说话。

综上所述，演讲中在使用数据中要注意以下几点：一是要使用具有代表性的数据，保证有足够大的采集数据的样本。二是表明数据的出处，因为数据是可以随意操纵的，认真的听众会注意数据的出处，所以要告诉听众数据的来源才能真正增加可信度。三是使用来源可靠的数据。数据应出自可靠的、中立的、与话题之间没有利益冲突的出处。四是简化繁复的数据。为了便于听众记忆，可以把复杂的数据简化，比如黄河长度5464千米，可以简化成5500千米左右。五是解释数据。数据本身有时候并不能完全说明问题，它需要通过解释并同听众的认知相联系，才能产生预期的效果。六是使用视觉辅助来解释数据。在讨论数据趋势、规律以及列举其他形式的大量数据时，在演讲中使用视觉辅助物可以加强数据的效果。

增强表达的力量离不开排比

在演讲中运用排比句，它不仅能增强语言的节奏感和旋律美，读起来感觉朗朗上口，能够制造一股强大的气势，进而增强演讲的表达效果，使语势如江河奔泻，势不可挡。同时，还能有效地增强演讲对于听众的触动和影响，在记人叙事、抒情说明、批评反对等方面显示出非凡的威力，从而使演讲具有强烈的艺术感染力和无穷的魅力。

排比句的分类

成分排比

即一个句子中的一些成分组成排比。比如：延安的歌声，它是黑夜的火把，雪天的煤炭，大旱的甘霖。

分句排比

即一个复句的各个分句构成排比。比如：他们的品质是那样的清洁和高尚，他们的意志是那样的坚韧和刚强，他们的气质是那样的淳朴和谦逊，他们的胸怀是那样的美丽和宽广。

单句排比

比如：八路军穿草鞋，把日本鬼子赶下海；解放军穿草鞋，把蒋家王朝踢下台；如今八连穿草鞋，把香风毒雾踩脚下。

复句排比

比如：如果我们能够研制出一种类似鹰眼的搜索、观测技术系统，就能够扩大飞行员的视野，提高他们的视敏度；如果能研制出具有鹰眼视觉原理的“电子鹰眼”，就有可能用于控制远程激光制导武器的发射；如果能给导弹装上小巧的“鹰眼系统”，那么它就可以像雄鹰一样，自动寻找、识别、追踪目标，做到百发百中。

排比句的运用

运用排比记人

运用排比记人，可把人物形象刻画得鲜明生动，给人留下深刻的印象。例如某县委书记在会上分析当前部分干部意志薄弱时说：

“他们，有的肩软，不敢挑重担；有的耳软，听风就是雨；有的嘴软，该讲的不敢讲；有的手软，该抓的不敢抓；有的脚软，该调查的不调查。”

几个排比句把那些“浑身办”的干部形象一一地展现，又在相互映衬中突出了每类人的特征，使人物形象的刻画历历在目、呼之欲出。

运用排比叙事

运用排比叙事可将事物描述得真切具体，给听众以生动的感受。演讲词《让我们拥有天真》中这样描述“天真”：

“笑则舒畅地笑，不是鲜花隐匿着毒蛇；说则坦诚地说，不是顾左右而言他；哭则尽情地哭，不是硬挤出的鳄鱼眼泪；喊则痛快地喊，不是犹抱琵琶半遮面；做则勇敢地做，不是足将进而趑趄。不用顾忌那难以猜测的目光而封闭心灵，不须考虑被人抓小辫子而噤若寒蝉，不必担心飞短流长而装模作样。要相信，只要人人都存有一些天真，友谊终会酿成醇酒，鲜花定将组成桂冠，冰雪必然孕育春风。”

这里运用一系列排比句，具体直观、多侧面、多角度地解释了“天真”二字的内涵，可感性强，为听众创造出一个纯洁晶莹的世界，使人仿佛呼吸到了轻松、透明、自然的生活之美感气息。

运用排比抒发情感

运用排比抒发情感，可使感情奔放四溢，流烫灼人。如演讲词《痴心不改》的结尾，不惜浓黑重彩，直抒胸臆：

“我喜欢审核监督事事从宏观出发，国家当先的胸怀；我敬仰审核职业刚直不阿、不畏权势的个性；我赞美审计机关实事求是、客观公正的精神；我敬佩审计人员一身正气、两袖清风的品格。”

演讲者对审计工作者的宽广胸怀、刚直性格、求是精神、无私品格的赞美之情，如瀑布直泻，似江河奔涌，热情如火，荡人肺腑。同时，那整齐匀称的结构美，铿锵协调的音乐美，又给人以审美情趣上的享受。

运用排比论证道理

运用排比论证道理，可将道理阐述得更加精辟透彻，不容置疑。演讲词

《坚持真理讲真话》在分析了不讲真话给革命事业带来的重大损失，批判了“讲真话要吃专亏，还是乖巧一些为好”的错误思想后指出：

“现实生活使人们日益清楚地认识到，只有讲真话才能分清是非，辨明方向；只有讲真话，才能看到问题，增强信心；也只有讲真话，我们的祖国、我们的党，才有希望，我们的民族才能走上繁荣昌盛之路。”

几个排比句，层层推进，多方面分析肯定，语重心长地道出了讲真话的重要性，逼人的气势，促使听众跨上思维的骏马奔向同一目的地。显然，排比的运用使演讲收到事半功倍的效果。

运用排比进行批驳

运用排比进行批驳，可使观点更加犀利尖锐，发人深思，令对方汗颜。演讲词《为了中国，快快“住口”吧》在谈到某些人借故利用公款大吃大喝时说：

“上级领导来检查，总得歇歇脚，喝顿酒暖暖身子；要开放搞活，总得疏通渠道；要打通关系，就得感情投资；要推销产品、宣传企业，总得搞酒肉公关。在一次次大吃大喝中，在一笔笔糊涂账中，在一张张白条子里，人民的血汗被冠冕堂皇地吃掉了，公仆们的责任和形象也被吃掉了。”

演讲中，连用排比，列举现象，引人注目；树起靶子，有的放矢；陈述危害，发人深思，以便下文疾呼“住口”，催人猛醒。忧国忧民之心溢于言表，愤世嫉俗之态令人动容，更为那些麻木不仁、肥头大耳的“食客们”敲响了警钟。

可见，排比之所以能在演讲中发挥神奇的作用，收到异乎寻常的表达效果，主要是因为排比往往是围绕一个中心内容，运用相似的词语和句式，多侧面、多角度铺陈展开，反复申说，给人以重复强调的感觉，在演讲中最能唤起听众的注意。

而且，排比常常给人以万炮齐发之感，各句之间以一种平列的关系，相互映衬，相互补充，从而加大了信息量，创设氛围，增强语势，使表达更集中、更强烈、更鲜明，在演讲中最容易激发听众情绪，给人以振奋的力量。

巧妙引用，远离枯燥无味

演讲要达到吸引听众、说服听众、影响听众的目的，就必须注意表达的艺术性。在演讲中恰到好处地引用一些数字、术语、格言、事例等，可以丰富演讲内容，增强说服的力量，增加文章辞采，使演讲者更好地展示个人的文化魅力，形成独特的演讲风格，给听众留下鲜明、深刻的印象，从而使讲话产生强烈的鼓舞力和号召力。在演讲中可以巧妙引用的，主要有以下几个方面。

数据事例引用

数据、事例可统称为事实。俗话说“事实胜于雄辩”。恰当地引用数据和事例说明观点，才能言之有理、言之有物，空口讲一些大道理，听众是不会信服的，“用事实说话”是极为有效的论证方法。江泽民同志在接见出席中国科学院第九次院士大会和中国工程院第四次院士大会部分院士与外籍院士的讲话中，引用“64K、25、0.25微米、0.05微米”等数据，说明了：“科技进步真是永无止境”；引用歌白尼、牛顿 、达尔文、李政道、杨振宁、贾谊、王勃等众多杰出人物在年轻时期就取得重要成就的事例，说明了“科学技术的发展，社会各项事业的进步，都要靠不断创新，而创新就要靠人才，特别要靠年轻的英才不断涌现出来”。

这样的引用十分贴切、精当，有力地证明了所要表达的观点，表现出总书记深厚的文化修养。引用数据和事例应突出“三性”：一是典型性。典型的才有说服力。要选用最能反映本质、最能说明观点的事实，对看似精彩，但关系不大甚至是貌合神离的材料，要舍得割爱，宁缺勿滥。二是新颖性。根据“陌生化”原理，新鲜的东西才能吸引听众注意、打动听众心灵。演讲中引用的数据要尽可能是最新的统计资料、研究成果；事例要尽可能用新的典型，对大家熟悉的例子，要采用新的视角、新的表达。三是精练性。一般情况下，演讲中所引用的数据、事例并非多多益善，要看情况因时而异，尽可能少而精。尤其是用词要十分精练，切不可拖泥带水。

名言锦句引用

首先是引用古代名言。如朱镕基总理曾在国务院第五次全体会议讲话中，引用了“政者正也；子帅以正，孰敢不正”“其身正、不令而行；其身不正，虽令不从”两句古代名言，强调政府组织人员和各级干部，要清正廉洁，恪尽职守，带头遵守法律，抵制腐败现象，语重心长，耐人寻味。但引用古代名言要避免过于冷僻，如果引用一般人不太熟悉的话，字面理解有难度，要作适当解释。其次，引用领袖语言。引用领袖的精辟论述来支持演讲的立场和观点，权威性强，说服力大。 意思相同或相近的话，宜选用地位高、名声显赫者的语言。同一人就某个观点作过多次论述，宜选用论述完整和大家比较熟悉的。

专业术语引用

把本属于某个学科的专业术语，引用到演讲中，临时赋予其比喻义，从而把抽象的事物具体化、运作化，把深奥的道理浅显化、通俗化，使领导者的讲话生动活泼，娓娓动人，新颖别致，激发起听众的兴趣，给人留下深刻的印象。

引用体育术语

如：依靠“全能”抢占市场，“单打”做深市场；当前招商引资呈现白热化态势，我们要大步跨出去，争夺“篮板球”，千方百计抢投“三分球”，吸引投资规模大、技术先进、产生率高的大项目；政府的角色要进一步转换，行为要进一步规范，减少对经济事务的行政性干预，既不“越位”，也不“缺位”，更不能“错位”。

引用音乐术语

如：演好经济建设“大合唱”，要注意“合拍”，不得唱“自由调”，更不得“跑调”。

引用物理术语

如：要营造服务“磁场”，为外向型经济创造良好的环境，要确立更高的“参照系”。

引用生物学术语

如：要抓好开放式改制，不搞“近亲繁殖”，欢迎外来资本竞买，兼并现有企业。

引用医学术语

如：欢迎专家为我县经济发展“把脉”。

引用军事术语

如：全面推进传统产品的技术升级，加速产品的更新换代，占领市场竞争的“制高点”；打一场“打黑除恶”的“人民战争”。

引用化学术语

如：让改革成为推动经济社会发展的“催化剂”。

活用成语典故

活用成语典故，首先是连用。如：

要赶上世界发展的潮流，在强手如林的竞争中脱颖而出，赢得发展先机，就必须有夸父逐日的执着、愚公移山的的气魄和精卫填海的毅力，在各自的工作岗位上扎实工作，建功立业。

在这段演讲中，连用“夸父逐日”“愚公移山”“精卫填海”三个源于古代神话的成语，强调加快发展必须具备坚定的信念和意志，生动别致，鼓动性强。

其次是隐用。表达某一成语、典故的意思，却不把原句原词完完整整地说出来，这比直接引用灵活多变，能给人耳目一新之感。如：

有些优势，我们津津乐道了几十年，但能不能让这些潜在的优势凸显出来，关键看我们能不能给盘踞多年的优势之“龙”造出醒目的“睛”来。

巧用群众语汇

借用一些俗语、习语、谚语、俚语来证明观点或竖起批评的靶子，通俗平易，质朴自然。邓小平同志1962年在扩大的中央工作会议上讲过一句话：

好像我们在工作中有了那么一些缺点，犯了那么一些错误，看到绳子就都是蛇了。

这段演讲巧妙地把“一朝被蛇咬，十年怕井绳”的意思融入句中，幽默风趣。又如：

金无足赤，人无完人，对年轻干部不能求全责备，只要德才兼备，哪怕有一些小缺点，也应该大胆提拔使用。

这段演讲借“金无足赤，人无完人”这一俗语，为引出讲话者的观点做了很好的铺垫，引用群众语言，诙谐风趣，一针见血地对一些干部不敢坚持真理、不敢维护原则提出了严肃的批评。引用群众语汇必须精心选择，去粗取精，要注意场合，注意符合讲话者的身份，使其雅俗共赏，活泼而不失庄重，幽默而不失深刻。

“喻”巧，方能“理”至

作为一种修辞手法，比喻在文学作品中十分常见。用它来帮助演讲，同样可以起到非同一般的效果。比喻可以使抽象的概念形象化，可以使复杂的问题简单化，可以使深奥的道理浅显化。这里选取相关的例子，对比喻在演讲中的作用加以分析。

抽象的概念具体化

演讲过程中，经常涉及名词、定义、术语种种，专业性比较强的演讲。演讲者通过恰当的、贴切的比喻，可以把听众陌生的东西变为熟悉的东西，一旦明白了抽象的概念，对演讲的内容和思想也就容易理解和接受了。在一次“大学文化建设”论坛上，中山大学人文学院院长陈春声这样谈“人文学科”：

人文学科历史悠久，但在现代科技发展强调实用性技术的浪潮中，人文学科受到了巨大的冲击。人文学科好像没什么用，它不能使你发财，不能使你升官。但是，我们可以用一个家庭来说明问题。大家知道，一个家必须要有厕所，有厨房，这些是最实用的。而家里最没有用的东西，数来数去可以说就是墙上挂的那幅齐白石画的虾。可是，家里有客人来了，你会带他去参观厨房和厕所吗？大家坐在客厅评头论足谈论得最起劲的，恐怕就是齐白石画的那只虾。人文学科就是那只虾。

众所周知，人文学科是个很难界定的概念，其作用也远非三言两语可以说清。演讲中，如果泛泛而淡，或者条分缕析，效果都不会理想。陈院长用浅显易见的事物对抽象的概念加以解析，效果自然不同凡响。科学技术相当于厕所、厨房，主要是给人物质上的享受和满足。而人文学科相当于画中的虾，主要是给人精神上的熏陶和滋润。没有精神的生活是不完整的。这个比喻化繁为简，既帮助人们深入地理解了概念，又使自己的语言生动形象，富有趣味。

河南省委原书记徐光春在香港中文大学作《从中原兴衰圆梦的历史和现实看文化在经济发展中的地位和作用》的演讲时，这样谈文化对经济的影响力：

文化与经济密不可分，两者相互存在，相互促进，相辅相成。两者融合之势日趋明显，经济文化，文化经济化，经济文化一体化的趋势将深入发展。文化创造巨大价值，是经济发展的“强引擎”；文化提升人类素质，是经济发展的“活力源”；文化增进社会共识，是经济发展的“催化剂”；文化塑造良好形象，是经济发展的“大磁场”；文化提供不竭动力，是经济发展的“永动机”。

这里，徐书记一连用了五个比喻来谈文化对经济的作用，实在妙不可言。我们不妨以第一个比喻为例来证明。徐书记将文化比作经济发展的“强引擎”，是非常形象的。文化具有商品、知识等重要属性，是经济的重要组成部分，也是推动高端经济成长的重要动力。文化消费已经风靡全球，文化产业早成为世界多数国家和地区特别是发达国家的支柱产业。作为提升产品附加值和竞争力的主要元素，文化显然是品牌经济的价值源。这个比喻言简意赅，通俗易懂，有效地诠释了“影响力”，扩大了受众面。

复杂的问题简单化

演讲的主要目的是传递信息，发表见解和抒发感情。由于演讲的时间有限，听众的水平不一，如果在说明某个问题时，语言拖沓冗长又艰深晦涩，势必影响演讲的效果。相反，运用恰当的比喻，将复杂的问题简单化，更容易激起听众的兴趣，引发听众的共鸣。1972年，美国总统尼克松访华时在答谢宴会上的祝词中有这样的话：

昨天，我们同几亿电视观众一起参观了名副其实的世界奇迹之一，中国长城。当我在城墙上漫步时，我感受到了在建筑这座城墙时所付出的巨大牺牲。长城已不再是一道把中国和世界其他地区隔开的城墙。但是，它使人们想起，世界上仍然存在许多把各个国家和人民隔开的城墙。长城还使人们想起，在几乎一代人的岁月里，中华人民共和国和美国之间存在着一道城墙。四天以来，我们已经开始着手拆除横亘在我们之间的这座城墙。在开始会谈时，我们就承认彼此之间存在着巨大的分歧，但是我们决心不让这些分歧阻碍我们和平相处。

在这样一个场合，尼克松热情赞扬了中国人引以为豪的长城，是很能博得听众好感的。更重要也更精彩的是，他的“长城”之喻贴切而生动，骤然缩短了两国间的距离，缩小了感情上的鸿沟，也淡化了因原则的分歧所造成的阴影，使满座宾客倍感亲切。正是这个比喻，还很好地衬托出了这篇祝词的精华：具有不同制度和不同价值标准的国家和人民可以和平共处，互有分歧但互相尊重。试问，如果尼克松生硬地去谈中美关系这个敏感而复杂的问题，结果会怎样呢？

前外经贸部国际司司长龙永图在谈中国加入WTO的好处时说：

由于目前我国经济比较弱，美国等西方国家比较强，面对面解决处于不利地位，我们便希望把题拿到WTO多边机制去解决。这好比一个大个子和小个子发生矛盾时，大个子最喜欢两个人面对面解决，把小个子拉到阴暗的角落里单挑，狠揍一顿。小个子则希望把冲突拿到人多势众的地方去，希望有人来主持公道，请大家来讲点道理。所以，我们是愿意使用WTO多边的争端解决机制的。

中国加入WTO有何好处这个问题显然是很复杂的，怎么让听众明白呢？龙永图先生采用生动的比喻、幽默的语言作了说明。就经济实力而言，中国显然落后于美国。美国是“大个子”，中国是“小个子”，站在美国的立场，当然想恃强凌弱，“单挑”解决；站在我们中国这边，当然“希望有人来主持公道”。这个比喻让听众轻易地明白，加入世贸组织的一个好处就是有利于解决贸易摩擦和纠纷。这样比喻，表现出龙永图对有关政策的熟稔，表现了他高超的语言技巧，也表现了他高涨的爱国热情。

第八章

肢体语言，演讲的第二语言

肢体语言是信息发送者把要发送的信息，通过仪表、姿态、神情、动作输送到信息接受者的视觉器官，再通过信息接收者的视觉神经作用于大脑，从而引起积极反应，实现信息发送者的目的。讲话者的肢体语言，则主要是指讲话者从实现其讲话的目的出发，通过自己的仪表、姿态、神情、动作等，将自己的指令、意向传达给听众，进而影响和支配听众。在演讲中，讲话者肢体语言的重要性是不可忽视的。

肢体语言在演讲中占有重要地位

在进行演讲的时候，我们不仅要注意我们的演讲语言，也要重视我们的肢体语言，这是我们演讲的重要组成部分，和我们的演讲浑然天成，不可分割。心理学家阿尔·伯特梅拉毕安曾发现这样一个公式：信息的总效果=7%的书面语+38%的音调+55%的面部表情。由此可见，在讲话者的语言技巧中，肢体语言技巧占有重要的地位。讲话者肢体语言的能力，在一定程度上决定讲话者的讲话水平高低，决定着讲话能否成功。

肢体语言的作用

第一印象的关键

肢体语言有助于形成第一印象。社会心理学中有一个理论叫“晕轮效应”，这一理论认为，人们给予他人的“第一印象”，往往成为对其做出判断的心理依据。肢体语言对于讲话者也是如此。心理学家雪莱·蔡根曾做过一个实验：他在莫萨立特大学挑选了68个自愿实验者。这些应试者在口才、外貌和对事物的理解力、判断力上无甚差别，但在风度仪表方面则差距明显。据事先安排，这些应试者分别征求4位素不相识的过路人的意见，希望得到他们的支持。结果，风度翩翩者稳操胜券。这就说明，演讲中肢体语言技巧高超，给人的“第一印象”好，更有利于为演讲者树立威信和良好的形象。

沟通感情的手段

演讲者可以采用恰当的肢体语言洞察听众的心理、性格，了解听众的行为目标、动机和情感过程，从而巧妙地掌握听众的意图。也可以用肢体语言向听众输出思想和感情信息，将自己的感情信息和工作意向传达给听众，使演讲者与听众得到及时的沟通，充分联络双方的感情。

对演讲起辅助作用

俗话说“红花还要绿叶配”，肢体语言对演讲也是如此。恰到好处地运用肢体语言，能够使重点突出，富有感情，形象生动，从而更富有吸引力和感染力，演讲的效果会比单纯凭借有声语言好得多。这就是过去人们常说的“以姿势助演说”的道理。演讲者在讲话时，要针对不同的对象、场合等情况，合理地运用有声语言和肢体语言，利用二者相辅相成的关系，更好地发挥语言的效能。

肢体语言运用技巧

用肢体语言表达感情

王小明在演讲台上，时而来回走动，时而有力地挥动双臂，时而俯身，那激昂的声调，适当的动作，给人以无尽的感染力。

用肢体语言表达思想感情，可以使情感表达得真切、具体、形象，渲染作用很大。如高兴时拍拍手，悲痛时捶胸，愤怒时挥舞拳头，悔恨时敲前额。翘起拇指或鼓掌表示钦佩、赞扬；双手摊开表示真诚、无可奈何；手摸后脑表示尴尬或不好意思；挥手用力下砍表示坚决果断的决心或态度；见面时伸手，手掌向前伸，手心向上，胳膊微曲，与别人紧握表示友好和欢迎等。表情性手势是演说人内在情感和态度的自然流露，鲜明突出、生动形象地表明自己的观点、情感，能给听众留下深刻的印象。

用肢体语言达意

马厂长在开会时经常把会议内容归纳为一、二、三、四或甲、乙、丙、丁，并且边讲边用右手扳着左手指，一个一个地数，其手势语含义直截了当。当说到“你”“我”“他”，或者“这边”“那边”“上头”“下头”等，用手朝相应的方向指一下，给听众以实感，让人明白其中的意思。

由此可见，用肢体语言表明具体内容，直接指示了演讲者要说的事物，或者表达特定含义。如招手表示过来，连连摆手表示反对或不要，挥手表示再见或叫人走开，用手指自己表示谈论自己及与其有关的事等。而在特殊情况下的肢体语言，如聋哑人的哑语、交通指挥、行业隐语、裁判等，人们往往借助肢体语言来表达特定的含义。但这种肢体语言，只能指示听众视觉可及范围内的事物和方向，视觉不及的不能用这种肢体语言。

用肢体语言描摹

借助肢体语言描摹事物的形象或状态，给听众一种形象的感觉。例如，表示事物很大时，用双手合成一个大圆；表示高兴时，手向上抬；表示弹力强时，手慢慢压下去并快速抬起；进行爱国主义宣传，号召大家要为伟大祖国献出一颗火热的心，可以做双手捧物的姿势等。描摹性肢体语言能使所表达的内容更形象、更生动，易于让听众领悟。

确认过眼神，才能做好演讲

苏格拉底曾谈到眼睛能准确而鲜明表达出各人的各种思想感情。在整个演讲中，眼神的表情达意起到了举足轻重的作用，有经验的演讲者总是恰当巧妙地运用自己的眼睛，几乎整个演讲过程中，他的眼睛把他的思想感情、心理变化、品德、学识、情操、性格、趣味和审美观等，毫不掩饰地展现给听众。而听众也总是要通过演讲者的眼神窥探他的内心世界，展开广阔联想，接受思想，受到启迪和教育。

眼神交流的作用

帮演讲者集中注意力

眼睛看过整个房间之后，会有很多种画面进入脑中。所有的这些色彩、形状都会减慢头脑的反应速度，因为你既要注意你说话的内容，还要留心你眼睛所看见的东西。时不时的眼神交流会让你的大脑只关注你正在说的那件事。

吸引听众集中注意力

和别人进行眼神交流也是一种让别人注意你的好方式。现在的智能手机，预先为电脑准备好的无线网，以及其他一些容易让人分心的东西，这些都很容易让人注意力不集中。你可以通过眼神交流来改变这一情况。要是你看着他们，他们也会看着你。这种方法对那些小群体尤其有效。这是一个很简单的道理。要是你看着他们，他们也肯定会看着你；要是你不看他们，那么他们也可能不会看着你。

让演讲者显得更专业

看了下面这个例子之后，这点就很容易理解了。警官和那些为人父母的人都知道这一点，要是你的孩子在对你说什么的时候不看着你的脸，那就有可能是撒谎或者是害羞。公共演讲也可以这样说。要是你不能和你的听众有眼神交流，听众就会下意识地对你的演讲内容失去信心。这也是科技公司会选择让那种富有个人魅力的人来做演讲的原因。

增强演讲者的信心

在电影里，你会看到类似的情形：男人和女人互相盯着看30秒，然后他们情不自禁地就会互相亲吻。我们不是说那些人会冲上来亲吻你，因为那很无理。但是，当你和某个人进行眼神交流的时候，你会变得更自信。

让听众逐渐参与进来

当你的听众注意到你正在看他们，那就是鼓励他们用一些肢体语言来回应你。要是你正对着某人在说，或是看到某人皱着眉头，你就会意识到你弄错了什么。这也会给你一些机会去应变。看着他们，看看他们的面部表情，慢慢地将你的演讲调整为和你的听众互相交流。

眼神变化的方法

前视法

演讲者的视线要平直流转，统摄全场听众。一般来说，视线落点应放在后一排听众的头顶部位。演讲者除特殊需要外，眼睛应保持平直向前，注视所有听众。这样的视线，可以使听众感到“他是在向我演讲”，从而引起注意；也有利于演讲者保持端正美好的身姿，观察听众的情绪及其变化。有些缺少经验的演讲者，在演讲时，或每每仰望天花板，或时而俯视地板，或忽而左右环顾，或引目张望门窗以外，这些都是不应有的动作。

环视法

演讲者的视线有节奏或周期性地把视线从会场的左方扫到右方，再从右方扫到左方；从前排扫到后排，再从后排扫到前排，不断地观察会场，与所有听众保持眼睛接触，增强相互间的感情联系。注意运用环视法不宜太频繁，反对“眼睛滴溜溜地转”，这样会使听众不知所云而感到滑稽可笑。

虚视法

这是演讲者观察时运用的一种转换性的目光，就是演讲者的眼睛好像看着什么地方、哪些听众，但实际上什么也没看。虚视尽管什么也没有看在眼里，但它是良好的观察力的一种过渡。这种眼神可克服演讲者分神、紧张的毛病，显示出彬彬有礼、端庄大方的神态，又可以让思想和精力集中到演讲的内容上来。

闭目法

这是视线变化的特殊表现，是一种无方向的视线，无视线的视线。闭目法有它特定的意义和作用。比如，当演讲的内容使演讲者和听众的情绪极度高涨，情感难以控制的时候，或讲到某位杰出人物激起人们极大的敬佩的时候，演讲者可以短暂地闭一下眼睛，以表示某种特殊的感情，此时的“无视线”可以取得意想不到的效果。

点视法

就是重点地观察，注视不安静处或不注意听讲的听众。一般听众发现了演讲者的目光，就会触目知错，停止骚动、私语。随着演讲者思想感情的千变万化，眼神的变化必定是多种多样的，有待于演讲者细心体察和匠心处理，不好机械地事前作出规定。但有几点值得注意：一是眼神的变化要有一定目的。无目的、不必要的眼神变化会乱意坏情。要力戒那种故弄玄虚、神秘莫测的眼神，因为这种眼神会造成听众的迷惑和疑惑。二是不能有过多的凝视。这样会对听众形成压力。要避免凝视的副作用，可以时不时地虚视，这样既不失礼貌，也可使双方感到自然，而演讲者也不会因为视线过分集中而分散对演讲本身的注意。三是眼神要同演讲者的思想感情的变化同步产生和终止。思想感情表达完毕，相应的眼神也要恢复正常。四是要和有声语音形式、手势、身姿等密切配合，协同动作，以求收到更好的效果。孤立的眼神会显得单调无力，不能充分实现传情达意的作用。

微笑是通行世界的护照

微笑是人脸上一种最棒的表情，它能够反映出一个人的内心世界。作为一名演讲者，在演讲中面带微笑，不但可以给听众一种温和开朗的印象，而且可以建立一种融洽气氛。比如在所演讲的内容和听众的认知有所偏差，或者有刻意刁难的问题出现时，微笑可以消除听众的抵触情绪，激发听众的感情，缓解场面上的矛盾，避免冲突的发生。法国作家阿诺·葛拉索说："笑是没有副作用的镇静剂！"所以，微笑非常重要。那么，如何在演讲中运用微笑呢？

微笑要讲究技巧

值得我们注意的是，在演讲中的微笑是要讲究技巧的，否则演讲无法取得良好的演讲效果。

第一，在上台和下台时，要面带微笑。上台时的微笑可以给听众一个良好的第一印象，拉近演讲者与听众的关系。下台时的微笑可以给演讲做一个良好的结尾，使听众感到温馨和意犹未尽。

第二，在赞美歌颂一些人、一些事时，一定要面带微笑。因为只有微笑才能代表演讲者的赞美是发自内心的，才能加强演讲的感染力。如果演讲者面无表情地发表赞美，那么就会在听众中留下这个演讲者只是虚伪地赞美，并没有加入感情的印象，那么演讲的效果和影响力就大打折扣了。

第三，在面对听众提问时，一定要面带微笑。这样做的原因有两个，一是表示对听众的尊敬，二是通过微笑鼓励听众说出自己的想法。

第四，即使遇到反对的声音，也要微笑面对。有这样一个例子：一个女交警在执勤站岗时遇到了一名喝醉酒的男子的纠缠，尽管如此，女交警依然微笑着回答了男子的问题。这名女交警的态度为她赢得了赞誉。在演讲中同样如此，听到了不同或批判的声音，就更应该微笑着聆听。因为每个人的观点和看法都是不尽相同的，通过听众的反对意见，同样可以使我们学到很多东西，同时能够使得演讲现场气氛活跃起来。

第五，如果遇到了大声喧哗或者捣乱的听众，也要微笑。此时，演讲者不能大声训斥，因为一方面这是在公共场合的基本礼仪。另一方面怒目相对，也会影响其他正常听演讲的听众，使他们觉得扫兴。所以在这种时候，演讲者可以略略停顿一小会儿，这时一些听众会自发地维持会场的纪律，等待会场稍微安静一些时，可以面带微笑地对扰乱了演讲的人进行含蓄的批评。

第六，不是所有的演讲都要有笑容，微笑也要分清场合。如召开重要会议、处理突发事件、参加追悼大会时，就不能面带微笑。同时，演讲中不能从头到尾一味微笑，否则让人感到你像一个弥勒佛，觉得你戴了一个假面具上台演讲，没有感情。

第七，不觉紧张，已完全放开，没有必要运用微笑来控制情绪。演讲中的笑要随内容、感情变化形式，有兴奋喜悦的笑，也有冷嘲热讽的笑。演讲中既要注意用“笑容”去表达内容，感染听众，也要保证笑的价值，该笑则笑，不该笑则止。

微笑训练有方法

微笑是我们在日常生活交谈中、辩论中、演讲中都会用到的一种表情，那么要如何微笑，微笑训练都有哪些技术上的要求呢？

看口腔开到什么程度为宜

嘴唇呈什么形态，圆的还是扁的？嘴角是平拉还是上提？要注意，口腔打开到不露或刚露齿缝的程度，嘴唇呈扁形，嘴角微微上翘。站在或坐在镜子前，保持面颊和嘴部放松。具体做法和步骤如下：

第一步：慢慢地延伸嘴角向两边，呈微笑姿态，嘴巴紧闭，保持10秒。

第二步：继续延伸微笑，露出牙齿的少部分，保持10秒。

第三步：延伸微笑，露出牙齿的一半，保持10秒。

第四步：完全微笑，尽可能展露牙齿，保持10秒。

以上步骤，如果能每天面对镜子练习30分钟，就能成为一个能够得体微笑的演讲者了。

找出平时容易犯的毛病

平时的微笑练习，可以纠正演讲者在演讲过程中非常容易犯的一些毛病。一方面不要笑过了头。这种情况就是在微笑时嘴咧得太大。嘴咧得过大，会给人一种不礼貌的感觉。同时，嘴咧得太大也会给人一种傻乎乎的印象。所以微笑要以不露或刚露齿缝为最佳。另一方面不要假笑。假笑也叫作皮笑肉不笑，这种情况在拍照时，最经常出现。这是因为，我们并没有投入感情，只是机械地按照要求在摆动作。在演讲中也是一样，听众们是很敏感的，他们能够分辨出真笑和假笑，假笑看上去让人觉得难受。所以，我们的微笑不单单是要做出个形式，还要以完全平等的态度对待对方，尊重对方的感情、人格和自尊心，只有这样，微笑才是真诚的、美丽的，才具有强大的凝聚力。

巧用手势提升感染力

手势是演讲者运用手指、手掌、拳头和手臂的动作和变化，来表达感情的一种肢体语言，可以说是使用频率比较高的肢体语言。美国心理学家詹姆斯认为，在各种语言表达能力当中，手的表达能力仅次于脸。在演讲中，双手活动幅度较大，活动又方便灵巧，形态变化也比较多，因此手势有着不可低估的重要作用。手势的表现力、吸引力、感染力最强，最能传递丰富多样的思想感情，所以，在演讲中运用手势，对于加强演讲的语势，补充演讲的不足，增强演讲者的体态形象，激发听众的热情，加深听众对演讲内容的理解，增强演讲的说服力，达到演讲成功的结果，有着重要的作用。要想有精彩的演讲，一定要懂得运用好手势，准确、自然、协调的手势，肯定能给自己的演讲加分不少。

演讲手势分类

以下12种专业演讲手势基本覆盖了演讲中需要用到的手势，只要能够运用自如，一定会提升你的演讲效果。

打招呼的手势

开场时，主持人介绍演讲者出场，在上台的时候，演讲者就需要做出这个单臂挥手的专业手势。这个姿势有三个功能：打招呼、致谢和再见，所以这个手势除了开场打招呼的时候使用以外，在演讲结束致谢和再见的时候也可以用。但使用这个手势的时候要注意一点：在挥手致意的同时，手的朝向要跟身体、头部、眼神一致，你朝哪个方向挥手，身体、头部和眼神就应该朝向哪个方向，否则会显得不礼貌。

无话筒时的手势

女士没有话筒时可以用外面一只手把里面一只手的四指包住即可。男士没有话筒时可以伸出双手，四指并拢，与大拇指垂直，两只手的直角凹口处扣在一起，一只手在外，一只手在里，里面那只手的四个手指头自然往外伸就可以了。

有话筒时的手势

手握话筒时的手势有两个要点。第一，演讲时尽量用单手握话筒，另一只手用来做手势；第二，握话筒的时候要握在话筒的中下部，不要握得太靠上，也不要握得太紧，要自然一点，同时大拇指可以顶在话筒后面。

开放的手势

如果你手里没有话筒，也没什么特别的手势要做，那么除了可以像前面所讲的双手交叉相扣之外，也可以双手打开，做出一种开放的姿态，像乔布斯、罗永浩、雷军等大佬都喜欢使用这种手势。如果手里没有话筒，建议大家尝试使用这种开放的手势，而不是双手交叉相扣的手势。

强调的手势

如果在演讲中需要重点强调某件事情，或者要求听众特别注意某个细节要点的时候，就可以将大拇指和食指并拢，这种手势的主要功能就是强调。

除用大拇指和食指并拢的手势表示强调外，还可以食指伸出，其余四指弯曲并拢，胳膊向上伸直，食指指向空中来表示强调。

邀请的手势

在演讲现场互动环节，你要邀请某个观众回答或者提问的时候，就可以伸出一只手，手心向上，做出邀请的意思。这个手势在新闻发布会、记者会上用得特别多，经常看新闻的朋友应该经常可以看到这种手势。

提醒安静的手势

在演讲现场，如果有人在讲电话、聊天，或者在互动结束后还有人在窸窸窣窣讲不停，这个时候你可以暂停一下，什么话都不说，食指竖起贴在嘴唇上，做出这个手势给他们看，相信他们很快就会安静下来。

致谢的手势

在演讲结束的时候，我们可以用双手合十的手势向观众致谢，这个手势一般都是用在演讲结束的时候，但有些人在上台的时候也会用这个手势向主持人致谢。

鼓励的手势

有时候演讲现场的前两排没什么人坐，或者演讲者想邀请观众上台做游戏的时候无人回应，这个时候演讲者可以握紧拳头高高扬起这种手势鼓励观众坐到前面来，或者上台来参与互动。

夸奖的手势

在对某件事情表示肯定、赞美，或者对观众的回答表示夸奖时可以使用竖起大拇指的手势，这个手势通常表示强大、肯定、赞美、第一等意思。

信心的手势

在对某件事情表示充满信心时，可以使用握拳在胸前的手势，这种手势充满力量，象征着信念、信心、力量、肯定等意思。

数字手势

演讲中说到相应的数字时，加上相应的数字手势，可以加深观众的印象和兴趣。

演讲手势使用注意事项

手势不能太多

对于商务人士、文艺人士和一般的社会人士来说，手势多少没什么太大关系，你就按自己的习惯来做就好了。但是像政府官员或者国企领导，手势一般都会比较少，作为一名政府官员，如果讲话时手势过多，会让人觉得你张牙舞爪，会被认为不得体。所以，在一定程度上来说，手势的多少会受到身份的限制。但是，不管是谁，演讲时手势都不应该太多，手势太多会让观众无法集中注意力。

手势忌讳太过做作

演讲中做手势除忌讳手势过多外，还忌讳手势看起来很做作。要想让观众觉得你的手势不做作，就要在上台后放开心态，不要畏手畏脚，平时多练习手势的灵活性。所谓的灵活性，是指人体躯体或者四肢动作敏捷而不呆板。一般而言，灵活性差的人，动作大多都比较僵硬、运行速度偏慢、运动轨迹也不流畅。灵活性是在时间的维度下探讨手势动作的特性的，它强调的是手势动作的速度问题。所以，可以采用两个经典的动作来对肢体的灵活性进行训练。**一个是曲线摆掌。**它是以曲线运动的方式来训练肢体的灵活性的；**另一个是直线摆掌。**它是以直线运动的方式来训练肢体的灵活性的。通过这些方式熟练之后，再将其糅合到演讲中去，自然就不会让人觉得你手势做作了。

第九章

用你的声音去震撼全场

每个人生而有着各样的嗓音，或深沉宏亮，或尖细高扬，有人声如软玉，也有人鼻音浓重，不一而足。无论声音秉质如何，它都是这个世界独一无二的。所以，在演讲中，声音直接影响到演讲过程以至演讲效果。如果演讲时能够用有震撼力的嗓音，不仅音色更强，声音更有力，也会让听众感觉充满了能量和活力，更容易相信和接受演讲的内容。

好声音是可以训练而得的

人的声音就像肌肉，通过练习和使用可以变得更加强壮，通过持续科学的练习，可以塑造自己的声音，让原本小声小气的演讲者说起话来更有震撼力，更有自信心。好的嗓音有一些基本要求：持久、有力、准确、清晰、圆润。为了在演讲中达到这些要求，我们可以进行如下训练。

呼吸训练法

胸腹式联合呼吸法

经科学考证，演讲时的呼吸方法以采用胸腹式联合呼吸法，也称丹田呼吸法，发出的声音效果最佳。其具体方法是，收缩小腹，以丹田的力量控制呼吸。这种方法全面调动了发声器官的能动作用，活动范围大，伸缩性强，对嗓子的保养也有一定的作用，是一种科学的运气方法。下面介绍一下这种方法的动作要领。

吸气：用鼻吸气，吸气时小腹向内即向丹田收缩；同时，大腹、胸、腰部向外扩展。此时，前腹和后腰分别向四周撑开，以至于产生衣带渐紧的感觉。此种方法吸气要做到快、静、深。

呼气：用嘴呼气，呼气时要坚持收住小腹，不可放开，同时控制住胸、腹部，将肺部在吸气时所储的气体缓慢、均匀、平稳地外呼。在呼气过程中，一个接一个地发出语音，组成有节奏的、连贯的有声语言。

练习呼吸的其他方法

一是闻花香法。想象在自己的面前摆着一盆芳香扑鼻的鲜花，深深地吸进一口气，然后为了品咂花香，将气息在体内控制一会儿，稍后再缓缓吐出。

二是吹蜡烛法。想象在自己的面前摆着一个生日蛋糕，上面插满了燃着的蜡烛，深吸一口气，然后均匀、缓慢、平稳地吹出，要尽可能延长呼出时间，若达到25~30秒算基本过关。

三是数数法。这是一种非常简单的训练方法，深吸一口气，然后在轻轻地吐气的过程中，从一数到十，往复循环，能数多少遍就数多少遍。

四是绕口令法。一口气说完一个绕口令。开始练习的时候，中间可以适当换气，练到对气息有了控制能力时，应逐渐减少换气次数，最后要争取一口气说完。

五是朗诵法。选一首自己特别喜欢的诗，背诵下来，开车时或者散步时经常朗诵。朗诵的时候，想象自己正在一大群人面前进行戏剧表演。诗句朗诵要富有感情，充满力量，重点突出，彰显活力。语速要放慢。变换着重读一句诗中不同的词语，让整句诗产生不同的含义。想象一下这些词语就像是钢琴的琴键。每次朗诵一个诗句的时候，逐个变换重读的词语。每次朗诵一首诗，就好像自己是站在舞台上朗诵，这样不但能把这首诗读得更好，而且真正登台为听众演讲的时候也能讲得更好。

呼吸训练注意事项

一是吸气时双肩不要上抬，否则会因气息过浅而变成胸式呼吸；吸气也不要过猛、过深，否则会变成腹式呼吸。

二是要注意气息的控制，否则总感到气不够，换气费劲。

三是胸部不要紧张，保持气息进出自如，否则声音就会失去弹性，时间稍长就会感到嗓子吃力、紧张，发声困难。

舌喉唇齿训练法

咬字器官主要包括舌、喉、唇、齿，它们在发音过程中起着十分重要的作用。这些部位进行训练，可以让演讲的声音更圆润、清晰。

舌部训练

伸舌动作：将舌头向外来回平伸，像做广播体操那样“一二、一二”地做伸舌运动。

摆舌动作：将舌头尽量向外平伸，然后左右上下来回摆动。

捋舌动作：舌尖顶住下牙床，舌面拱起，捋着上齿往外伸，伸得越长越好。伸到最长后，就用上齿轻轻咬住舌面再往里缩。

咬舌动作：用上齿咬舌腹，先咬中间，再咬左边和右边。

卷舌动作：舌头从两边向上往中间卷，卷的幅度越大越好，然后再往外伸。

圈舌动作：舌头顺着上下牙床外面来回转动，先从左向右转，再从右向左转。

打舌动作：用舌尖打硬腭，打得硬腭“咯咯”响。

勾舌动作：将舌头伸出口外，尽量向上勾鼻子，向下勾下巴。

在普通话声母中，属于舌部音的有：舌根音——g、k、h，舌尖音——z、c、s、d、t、n、l、zh、ch、sh、r，舌面音——j、q、x。有了舌部训练的基础，发好舌部音就比较容易了。

唇部训练

方法一：双唇微闭，向前撮起，尽量前伸，使双唇感到有拉力。随后双唇变扁，向后移动，嘴角尽量向左右扯，使颊肌全面活动。

方法二：双唇闭后前伸，随即向左扯，抻拉右颊和颈部左侧肌肉。随后回到正中，嘴角向右扯，抻拉左颊和颈部右侧肌肉。往返数次。

方法三：双唇闭拢向前，向左右上下转圈，全部抻动颊肌和颈部肌肉。

在普通话声母中，属于唇部发音的有：双唇音——b、p、m，唇齿音——f。做上述唇部训练，有助于发好唇部音。

喉部训练

在普通话声母中，属于喉部音的有g、k、h。要发好喉部音，可做如下训练：张大口腔，随后闭合，使喉部两旁有抻动的感觉；大张嘴打哈欠，慢张慢合。

齿部训练

齿音包括舌尖前音z、c、s和舌尖后音zh、ch、sh、r以及舌面音j、q、x。方法：先慢读“吱吱喳喳”“咯吱咯吱”数遍，然后快读数遍。

录音录像训练法

可以把自己朗读诗歌或者戏剧片段的部分用录音电话、手机、摄像机录下来，反复播放重听，每听或看30秒、60秒就停一下，回想一下如何能够更好地利用声音和身体语言来表达自己的观点，然后把那些需要改进发音、表达以及节奏的地方，都找出来。

首先，极简演讲与常规会议不同，人们最常见的错误有：音量不够；

想要说快一点，结果却结结巴巴；停顿太多，或者根本没有停顿；总是说“嗯”，身体语言不够自信或者没有效果。极简演讲应该更有生气，更有活力，更有激情，等到你再次演讲时将整个过程记录下来，你会惊讶地看到，自认为已经非常有生气的演讲，在录像里看起来还是有一些不太自在的小动作。

其次，在听众面前演讲时要放开嗓门，可以在讲到一个关键观点时尽量大声说话，几乎是喊着说。手臂完全张开，再放回到身体两侧。在录像中回放的时候，你会惊讶地发现动作幅度原来是那么小，那么拘谨。

用声音震慑全场的小技巧

演讲中好的声音，不仅能准确恰当地表达出演讲者丰富多变的内心情感，而且能悦耳动听、声声入耳，使听众身临其境，完全陶醉于演讲者精彩的演讲当中。这就要求演讲者必须对声音进行有意识的研究与训练，努力使自己的声音达到字正腔圆的最佳境界。想要达到这种境界，演讲声音必须具备以下几种特点。

语言非常流畅

演讲是一种口语表达艺术，它不仅要求声音清晰、准确，而且要求演讲者的语言流畅自然，婉转甜美，以充分显示严谨的逻辑力量和语言魅力。语言流畅度训练重在加强语言实践，多读、多讲。“读”，就是多读演讲名篇，包括默读、朗读、快读。“讲”，就是只要条件允许，就不要放过任何机会，厘清思路，不停地讲下去，甚至参加辩论，以提高话语的流畅度。

语速快慢结合

说话的速度是演讲需要注意的一点。为了营造沉着的气氛，说话稍微慢点很重要。标准大致为5分钟三张左右的A4原稿。要注意的是，倘若从头至尾一直以相同的速度来进行，听众会睡着的。所以，要根据演讲的内容调整说话的速度，做到有快有慢，快慢结合，这样的语速才能吸引听众的注意力。

声音清脆圆润

台下人头攒动，你的声音如果不能达到镇场的效果，那就会出现你一人自娱自乐的场景，没有人愿意听你的演讲。只有使声音保持清晰明亮，铿锵有力，落地有声，才能使自己的演讲产生强大的“磁性”。让观众瞬间转移注意力，从而关注你的演说。不是所有的演讲者先天的发音器官条件就很优越，所以需要经过反复训练，声音才可以变得清亮圆润。每天早起喊一嗓是很有用的。

说话准确清晰

演讲是说给台下的观众听的，如果他们听不懂，那演讲也就失去了它本身的意义。为了收到良好的表达效果，要求演讲者的吐字要正确清晰，让观众听清你说的是什么。现代汉语一字多音的现象非常普遍，而且许多音节近似，如果字音读得不准确，说得不清楚，听众就会感到不知所云。

表达富节奏感

一成不变的演讲感觉枯燥无味，让人提不起精神。“嘈嘈切切错杂弹，大珠小珠落玉盘”的声音能减轻和消除听众接受同一频率的声波所产生的疲惫状态。富有激情的演讲更能激发听众的感官，为表达各种思想感情的需要，为显示演讲内容轻重缓急的需要，也要求演讲者声音富于变化。节奏或快或慢，或轻或重。有一个让你起伏不定的变化，表情达意的同时还能够调动听众的情绪。

语调贴切自然

语调是口语表达的重要手段，它能很好地辅助语言表情达意。同样一句话，由于语调轻重、高低长短、急缓等的不同变化，在不同的语境里，可以表达出种种不同的思想感情，一般来讲，表达坚定、果敢、豪迈、愤怒的思想感情，语气急骤，声音较重；表达幸福、温暖、体贴、欣慰的思想感情，语气舒缓，声音较轻；表示优雅、庄重、满足，语调前后尽弱中间强。只有这样，才能绘声绘色，传情达意。

注意语调的选择和运用，必须切合演讲内容，符合语言环境，考虑现场效果。语调贴切、自然正是演讲者思想感情在语言上的自然流露。所以，演讲者恰当地运用语调，事先必须准确地掌握演讲内容和感情。

响度变化有致

响度是指声音的大小、高低、强弱的程度。演讲时声音必须有一个合理的响度，才能让听众听真切、听清楚。物理学中它是以“分贝”来计量的，而在演讲中只能靠自己的耳感监听，并从听众的反应中了解响度的效果，做到及时调控。演讲者在整个演讲过程中，要根据表达思想感情的需要、会场空间的规划，以及听众分布等情况，随时地变化声音的响度，以达到理想的效果。要做到低而不虚，沉而不浊，声音有强有弱，错落有致，用以显示演讲口语的层次感和声音的错落美。

综上所述，演讲中还要尽量克服声音常见的毛病：痉挛颤抖，飘忽不定；音量过高；音节含糊，夹杂明显的气息声；朗诵腔调，生硬呆板等现象。所有这些，都会影响听众对演讲内容的理解。

抑扬顿挫，让情感更丰富

声音抑扬顿挫的演讲并不是每个人都能够做到的，有的人即使做了充足的演讲准备，也会在站上讲台的一刹那方寸大乱，下一句的演讲词是什么已然忘记，更不用说抑扬顿挫地进行词句修饰。所以说，要想很好地掌握听起来抑扬顿挫的演讲技巧同样需要练习。

重音的运用

不只是演讲，在日常交际中我们也常常会运用到重音，它一方面能够起到强调的作用，另一方面也能够起到区别词义的效果。这里所说的重音，是指根据表情达意的需要，有意加重音量与力度的某个或某些词。人们说话时，往往把主要的意思加语气来表达，以引起听众的注意力，重读的部分就是一句话里的中心和主体。演讲中的重音有词语重音、语句重音、语法重音、逻辑重音和情感重音五大类。

词语重音

词语重音是比较固定的、有规律的。就读音轻重程度可分为重、中、轻三个等级。两个字的词语有“重轻”格式，如中国、安徽、玻璃、白菜、高度等，还有“中重”格式，如改革、红旗、人民等，三个字的词语中只有“中、轻、重”一种格式。如北京站、辅导员、文化宫、国务院等。四个字的词语，其基本格式是“中轻中重”，如：自力更生、天经地义、刻苦钻研等。

语句重音

语句重音常用的是语法重音。它是指句子中不同的语法成分读音轻重不一，其中有的句子成分要读得重些。比如：谓语一般要比主语读得重些。如：“同志们辛苦了！“中华人民共和国成立了！”“让我们一起干一杯！

语法重音

语法重音是指特定的语法规律下的重音，比如某个字在词典中要求被重读，那么当它运用到某段话中的时候也当重读，否则演讲者就会犯最基础的语法错误。

逻辑重音

逻辑重音又称作强调重音，是根据说话的目的和重点，有意将某些词或词组读得重些。如：“香港一定会回归祖国”，“我自豪，我是一个军人的妻子”。同一句话，重音不同，意思也就有所不同。比如：“我请你喝茅台酒”，如果重音是“你”，那是强调请客的对象，如果重音是“茅台酒”，那是强调的是喝的东西，如果重音是“我”，那是强调请客的主人。

情感重音

演讲者为了表达自身感情和独特的思想，会在演讲中安排重音。这里的重音不一定重，也就是轻重音，它往往会和停顿相搭配，从而起到区别和强调的作用。除此之外，演讲者还可以利用提高音量、拖长音节、一字一顿等方法来凸显重音。

停顿的运用

恰到好处的停顿能让整个演讲氛围变得自然生动，也能够给听众留下一定的思考空间，不至于让演讲变得拥堵急促，一般来说停顿有以下四大类别。

语法停顿

语法停顿是指语法上对停顿有一定的要求，通常中心词和附加词之间应当有一个停顿。另外，标点符号处也应当有停顿，停顿时间的长短根据符号的不同各异。标点符号按照停顿时间的长短可依次排列为句号(问号、感叹号)、分号、冒号、逗号、顿号，演讲者切忌犯语法停顿错误。

逻辑停顿

逻辑停顿也称思路停顿，它既可强调演讲内容，也可为听众提供思考的时间，当然这种停顿也能够为演讲者提供呼吸换气的时间。

情感停顿

情感停顿也称为心理停顿，它为情感服务，能够体现微妙复杂的心理感受。例如“我认为没有人能够像他那样(停顿)敬业、负责、甘于吃苦”，这里的停顿就能够凸显出演讲者情绪的激昂，也能够瞬间拉回听众的思绪。

特殊停顿

特殊停顿能够在演讲中起到特定的效果，可变含糊为明确，例如“最便宜的一套(停顿)仍然价值一万元”。这种停顿就表现出这一套物品的贵重；可变平淡为着重，例如“许久以来众人都(停顿)颇为看好他”。也可变直白为起伏，例如“在座的人(停顿)谁(停顿)都心知肚明”。还可变紊乱为整齐，例如排比句的运用。

语调的运用

声调的作用主要是区别意义。同一个字，声调不同，意义就不一样。声韵母相同的两个字，声调不一样，意义也不一样。要做到声调抑扬顿挫，更具感染力，需要从4个方面入手：发第一声时，起音要高平，用气平均；第二声时，从中起音，再上扬，气由弱到强；第三声，先降再上挑，上挑时，气场要强；第四声，高起低唱，由强到弱。声调有四声的变化，语调才有起有伏。

演讲中，语调的升降和高低反映着演讲抑扬顿挫的变化。同一语句，往往因为语调升降处理不一样而表达出多种多样的意义，如：

这是一百万元。(一手交钱，一手交货，司空见惯)

这是一百万元！(强调金额很大)

这是一百万元？(怀疑，不相信有这么多)

这是一百万元？(惊讶，怎么这么多)

这是一百万元？(喜悦，为一下子有这么多钱而高兴)

这是一百万元！(后悔，不该错过赚大钱的机会)

从上例可以知道，语调的升降变化在句末较为明显。不同的语调所体现出来的意思截然不同。

高升调

句子的语势由低到高。一般表示惊讶、疑问、反诘、呼唤、号召等，如：

近来你的学习成绩怎么下降了！

全世界无产阶级联合起来！

降抑调

句子的语势由高到低。一般表示肯定、感叹、恳求、自信、祝愿等，如：

我们的理想一定能实现。

请你帮我解决这个问题吧。

平直调

整个句子语势平稳舒展，没有明显的高低变化。一般用于陈述、说明、解释，表示严肃、庄重、平静、冷漠、悼念等，如：

我们面临着严峻的考验。

毛泽东永远活在我们心中。

曲折调

句子的语势曲折变化，有起有伏。一般用来表示夸张、讽刺、幽默等，如：

她太可爱了，连哭鼻子的样子也招人喜欢。

好个国民党政府的友邦人士！是些什么东西！

吐字归音，字正腔圆的基本前提

口腔是发声通道的最后一个器官。相比起歌唱和戏曲等以唱为主的人类艺术来讲，口腔对演讲更加重要。因为语言艺术对吐字的要求比较高，比如准确、清晰、圆润、集中、流畅等。假如没有口腔有序地调控和配合，任何字音都无从谈起。假如脱离了吐字的要求，声音再美也没有任何意义。所以，演讲者要对口腔机能训练引起重视。

吐字归音有要领

喉部所发出的喉原音，经咽腔到达口腔后，在口腔内受到各种节制而形成了不同的字音，这个过程就叫吐字，而那些对声音起节制作用的各个部位就叫吐字器官。吐字器官包括双唇、上下齿、舌、硬腭和软腭等。语言艺术家的实践证明：想要字音吐得字正腔圆，依赖的就是这些吐字器官的有机配合，而它们之间的配合要领有如下三点：

打开口腔

打开口腔就是要求比平时说话的口腔开度更大一些。当然，此时的打开口腔并不等于平时的张大嘴巴。平时张大嘴时，口腔是“前大后小”型，实际上是前开后不开；而吐字的要求是前口腔和后口腔都必须打开，呈“前大后大”型，也就是上腭用力上抬，下颌完全放松。而这一要求是通过“提颧肌、打牙关、挺软腭、松下巴”四个动作来实现的。

首先是提颧肌。提颧肌是提起上腭前部的动作。提颧肌是利用颧肌向外上方提的力量和上唇向中间撮合的力量来对唇形的微细变化进行控制。当颧肌用力向上提起时，口腔前上部稍微展宽，同时双唇贴紧牙齿，唇齿相依使得双唇有了坚实的依托，更容易把握咬字的力度。提颧肌的目的在于获取清晰、明亮、又有色彩的音色。提颧肌可以用微笑的动作来体会，也可以用开大口同时展开鼻翼的方法来体会。

其次是打牙关。打牙关属于提起上腭中部的动作。打牙关指的是撑开双侧的后槽牙，使后槽牙始终保持向上提的状态，而上下槽牙之间仿佛由于含着弹性东西并保持着一定距离的样子。打开牙关的目的是丰富口腔的共鸣，将咬字位置调整得适中，使字音在口腔里能“站起来”。打牙关可用啃苹果的感觉来体会。

再次是挺软腭。挺软腭是提起上腭后部的动作。平时不说话时，软腭是向下自然垂着的，用舌尖后舔可感觉到它的存在；说话时，它会随着吐字的需要而提起和放下。但在这里，由于艺术语言发声的需要就得将它“挺”起来，使口腔后部呈倒置的桃形。挺软腭的作用有：加大口腔后部空间，改善音色；缩小鼻咽入口，避免声音大量灌入鼻腔而造成鼻化音的现象。挺软腭可用夸张的吸气和“半打哈欠”的方法来体会。

最后是松下巴。松下巴就是让下巴处于放松的状态。咬字的时候，力量主要集中在上腭，而下巴处于从动的状态。当下巴内收时，下巴就能得到完全放松。松下巴的作用比起上腭来作用更大一些，因为只要下巴放松了，口腔就可以明显地打开了。松下巴可用“牙疼时说话”的感觉来体会。

力量集中

口腔打开之后，就到真正的咬字了。咬字更需要各个咬字器官的紧密配合。比如，字音集中首先依赖的就是咬字器官的力量集中。那怎么做才能让咬字器官的力量更加集中呢？主要体现在唇、舌力量的集中上。

首先，唇的力量必须集中在上唇的中央三分之一段，这样，唇部才能保持较强的收撮力，做到弹动轻快、出字有力。其次，舌的力量必须集中在舌体的前后纵线上，这样，在打开口腔的前提下，舌头才能够灵活又有力地构字。

字着前腭

口腔打开之后就是咬字，咬字之后就是出字。在这里，重点强调的是，字音的发出是有既定的路线的，即字音的声束必须沿着上颚的中纵线前行并“挂”在硬腭前部，而不是从下巴“铲”出来的。为什么如此苛刻地要求呢？因为声音只有沿着这条路线被气流推进到前腭，才会获得“音从上唇以上透出”的感觉，音色才会集中明亮，而不呈放射状。

总之，咬字器官的各个部位在发音过程中必须相互配合、相互合作。吐字时，要注意口腔的总状态：口盖提起如穹窿，唇舌灵活力集中，开口如同打哈欠，闭口好似啃苹果。还要讲究各个部位的力量：牙关的开合咬嚼力、上腭的提起升降力、舌头的顶弹滑动力、双唇的喷闭收撮力。

吐字归音有方法

这种吐字方法来源于传统的戏曲、相声等说唱艺术，叫“吐字归音”。它把一个音节的发音过程分为出字、立字、归音三个阶段，通过在每个不同的阶段进行不同的控制，使吐字达到清新、饱满、弹发有力的境界。

为了更好地掌握这种吐字的方法，我们先来了解一下现代汉语普通话音节的声母、韵母和传统音韵学的字头、字腹、字尾之间的关系。当代语言学家是这样规定它们之间的关系：字头=声母+韵头（介音）；字腹=韵腹（主要元音）；字尾=韵尾（尾音），而不是声母=字头，字腹=韵母。了解它们之间的对应关系后，接下来介绍吐字归音的要领：

出字

“出字”是指字头（声母）和字颈（韵头、介音）的发音过程，要求“部位准确，叼住弹出”。因为字头是一字之头，对它的处理影响到整个音节的质量，所以对字头处理的基本要求是叼住弹出。叼住，就是叼字须有一定的力度，并且叼字的力量要集中在有关部位的中纵部，而不是满口用力。弹出就是轻捷有力，如同弹丸弹出，不黏不滞，不拖不疲，不使拙劲。

立字

“立字”是韵腹的发音过程，要求“拉开立起，字音饱满”。一个音节的发音是否能达到字润珠圆，与韵腹的发音有密切关系。当字头被轻轻弹出之后，口腔必须随着字腹的到来而拉开到适当开度。因为这样，既可以保证声音的响度，同时也会感觉到字音随上腭的提起而被“立”了起来。

归音

“归音”是指音节发音的收尾过程，要做到“干净利索，趋向鲜明”。演讲等语言艺术工作者在吐字方面最容易犯的毛病就是不归音，以致造成“半截字”，让人听起来似乎有点不完整。所以，对字尾的处理不能掉以轻心。归音的要求是到位弱收：到位就是尾音要归到应有的位置上，弱收则指归音的过程为力渐松、气渐弱、口渐闭、声渐止，而不是强收，以免造成尾音收得过重或过紧。

枣核形

“枣核形”是对上面发音三个阶段的总结，也就是出字、立字、归音这个过程应该构成一个完整、立体的形状——“枣核形”。而这个“枣核形”是以声母为一端，韵尾为一端，韵腹为核心。

总之，字头、字腹、字尾是字音的三个组成部分，共同构成一个字音不可分割、有机联系的整体。其中任何一部分运作不当都有可能影响到整个字音的成色。所以，在吐字归音的训练时，必须建立起这三个部分之间的有机联系，从字头滑到字腹再滑到字尾，形成“枣核形”的整体。

规范语音，让演讲更有魅力

在演讲中，我们都喜欢听那些饱满圆润、悦耳动听的声音，而不喜欢听干瘪无力、嘶哑干涩的声音。喜欢听那些吐字清晰、字正腔圆的讲话，而不喜欢听发音不准、含糊不清的讲话。要想使演讲中自己的“声音美”吸引听众，就必须规范语音。

声音美的基本标准

正确清晰

所谓正确，是指发音正确。一方面，不可读别字。另一方面，不能用“直译”方式将方言变成蹩脚的普通话。所谓清晰，是指吐字要清楚明晰，不含含糊糊，有正确的停顿和适当的节奏，不要前言不搭后语，或者结结巴巴，使人听不明或弄不懂。

明快清脆

这既是指说话要开门见山，口到心到，心口一致，不故弄玄虚，快言快语，有什么说什么，又是指声音要干脆利索，爽利痛快，不拖泥带水。

圆浑清亮

如果说“正确清晰”是要求声音表达科学化的话，那么，“圆浑清亮”则是要求声音表达艺术化。其内涵主要指声音流畅自然，圆浑雄厚，悦耳动听，有滋有味。

坚韧清越

坚韧，是指声音坚实、耐久、有力、有始有终。清越，是指声音宛转悠扬，给人留下深刻的甚至是难以磨灭的印象。

规范语音的技巧

音节读准

简单来说，就是按照普通话的标准和规范来吐字发音，使发音正确、声调准确，字正腔圆。也就是说，按普通话的构成要求把汉字音节的声母、韵母、声调念准，进而读准每个常用的音节。常用的汉字不过4000个左右，它们都离不开418个音节和阴平、阳平、上声、去声4个声调。因此，只要下苦功夫，读准声母、韵母和声调，从而读准全部音节都是不难做到的事情。当然，读准每一个音节后，不等于语音就规范了，还要进一步训练。既保持自然的读法，又在咬字上进行适当的加工，以便听众对你讲出的每一个字词都能听得真切。

音节协调

适当多用一些双音节词，四音节词讲话或练习朗诵，可以增强语言的响度和节奏感，读起来朗朗上口，听起来优美悦耳。运用拟声词、象声词也是使音节协调的一种办法。它既可以使被表述的事物形象生动，又可使声音和谐，达到声与形的有机统一，增添语言的表现力。

韵调和谐

这里所说的“调”是指声调。汉字一字一个音节，每字又有四声即平仄之分，如果声调搭配得好 ，就可呈现高低抑扬、急缓起伏之情势。平声字和仄声字交错使用，可以形成声音的抑扬相应，高低相配，急缓相间，起伏相连，从而使声音刚柔相济，协调和谐。

控制语气

语气的内涵是多方面的，它具有多姿多彩的复杂形态。语气的多样性是语言本身丰富性的反映，也是语言能力强的一个表现。语气不同，表情达意也就有不同，其中尤其以声音和气息状态至为重要，朗诵者必须通过声音和气息将思想感情表达出来，而不同的声音和气息表达不同的思想感情，如表9-1所示。

表9-1　不同气息和声音表达思想感情对照表

气息	声音	给听众的感觉	表达的思想感情
气徐	声柔	温和的感觉	爱的感情
气促	声硬	挤压的感觉	憎的感情
气沉	声缓	迟滞的感觉	悲的感情
气满	声高	跳跃的感觉	喜的感情
气提	声凝	紧缩的感觉	惧的感情
气短	声促	紧迫的感觉	急的感情
气粗	声重	震动的感觉	怒的感情
气细	声粘	踌躇的感觉	疑的感情
气少	声平	沉着的感觉	稳的感情
气多	声撇	烦躁的感觉	焦的感情

有了恰当的语气，才能使朗诵者具有形象色彩、感情色彩、理性色彩、语体色彩、风格色彩；有了恰当的语气，才能增强语言的魅力，才能恰当地表达思想感情，才能调动听众的情绪，才能引起听众的共鸣。语气是多种多样的，无论从表达主体和听众的关系来看，还是从表达主体的心境和思想感情来看，或者从表述内容和方式来看，它都是丰富多彩的，因人、因事、因时、因地而不同，变化多端，气象万千。在朗诵过程中，语气永远不会是单一的，常常出现几种语气交替出现或相伴而行的现象。不过，在综合运用多种语气的过程中还是有主次之分的，主要的感情色彩造成主要的语气色彩，即语气的基调。所以，朗诵诗歌、散文、小说等，都应掌握这个基调。与此同时，还要适时根据内容、感情、对象等的变化调控语气，使之恰如其分。

规范语音的训练和培养

多看法语片

大家公认法语是世界上最动听的语言，的确，这种用气声发音的语言充满了情调，不论法国男人、女人，发出的声音都吐气如兰。多听听法语，哪怕你并不懂这种语言，也会潜移默化地受到熏陶。

做声音美容

声音美容就是在专业的健声教练指导下，采用一套独特而科学实用的方法，来学习和掌握发声技巧，纠正语言发音，使人们的声音得以改善，解决追求声音完美的人们的困惑，让人们的声音更圆润、色彩更丰富、语言的表现力更强。

提升谈吐气质

如果没有相应的谈吐和气质，再好的声音条件恐怕也会大打折扣。试想如果一个人说话低俗，即便他有再好听的声音也不会有人喜欢听。所以，与人交谈多用一些礼貌词汇和句式，加上翩翩的风度和儒雅的气质，也可以为你的声音增加一些分数。

表达尽量清楚

不要有太多的尾音，每个音节之间要有恰当的停顿。讲话的音量要适当，声音太大了会让人反感，让人感觉是在装腔作势。但音量太小会使人听着费劲，误以为你怯懦。一般要根据听者的远近适当控制自己的音量，最好控制在对方听得见的限度内。

注意音调变化

如果你在和别人讲话时始终保持同一个音调，就如同催眠曲，不能调动气氛，会使听的人打不起精神，昏昏欲睡，很难让人找到你说话的重点所在，自然也就达不到沟通的目的。可以放慢速度强调一些主要词句，在一般内容上稍微加快变化。随着内容和情绪的变化，说话的音量和音调也应该发生变化，在不同声音段里，要有高潮、有舒缓、有喜忧，才能引人入胜，扣人心弦。

好声音离不开语音“四要素”

曾有演讲大师是这么介绍自己的成功经验的：演讲缺少了激情，再好的内容也是花瓶。尽管这句话有点偏激，但它也说明了我们在做演讲、做培训甚至平时交流的时候，不仅仅内容很重要，语音语调也非常重要。演讲可以先了解语音产生的过程，然后从语音“四要素”这四大方面来提高自己。

语音的产生过程

声音是否响亮（专业术语为音强），也就是声音的穿透力强不强，取决于腹肌和膈肌。当腹肌有力收缩、膈肌迅速上升后，就会迫使肺脏内的气体通过气管猛烈地冲击喉部的声带，气流越猛烈，声音越响亮。

声音是否持久（专业术语为音长），也就是在不换气的情况下一口气能说出多少个音节，这取决于肺活量。如果肺脏内气体非常多，它就能支持你一口气说出很多字。

声音是否纯净（专业术语为音色），也就是声音是否干净、清澈、好听，这取决于声门的开合变化。如果声带表面很光滑，闭合时留出的缝隙很窄，那声音就很清澈、动听。

声音是否高亮（专业术语为音高），也就是声音到底有多高，这个取决于声带的长短。如果声带本身比较短或者收缩得比较短，所发出来的声音就很高。

声音是否洪亮（专业术语为共鸣），也就是声音是否有磁性，共鸣感好不好，这个取决于共鸣腔的配合。人体的共鸣腔一共有六个，比较重要的是口腔、鼻腔、胸腔这三个腔体。如果能运用好这些腔体，那声音就很有层次感、共鸣感。

语音是否标准（专业术语为音准），也就是所发出的音节是否准确，它取决于咬字器官的配合，特别是口唇、牙齿、舌头所处在的位置。如果这些咬字器官所处的位置正确，那所发出的音节肯定是正确不误的。

语音四要素

由于声带的形态是天生的，长短、厚薄、大小、软硬、光滑度基本上是固定的。所以，想通过后天的训练去改变自己声音的音色，有点困难。不过，想让其他方面变得更好，可针对语音“四要素”进行训练，完全可以在演讲中拥有音质清、共鸣好和有弹性的好声音。

音高

音高是指声音的高低，它取决于发音体振动的频率。音高还分为绝对音高和相对音高两类。一是绝对音高。它是由发音体的性质决定的，一般来讲，发音体大、长、松、厚的，振动慢，频率低，声音也比较低；发音体小、短、紧、薄的，振动快，频率高，声音也比较高。比如，男人的声带较厚而长，平均长度为20~22毫米，所以说话声较低；女人的声带较薄而短，平均长度为15~19毫米，所以说话声较高。二是相对音高。它是由发音体本身的松紧程度来决定的，也就是一个人声音的高低是可以通过控制声带的松紧来调节的。比如，扯着嗓门说话，声音就变高了，压着嗓子说话，声音就变低了。

音强

音强是指声音的强弱，它取决于发音体振动的幅度。也就是说，用力大，振幅大，声音就强，音量就大；用力小，振幅小，声音就弱，音量就小。比如，我们上台演讲，用力大，呼出的气体对声带冲击力强，振幅大，声音就强，音量高达85分贝以上；而平时说话，用力小，呼出的气体对声带冲击力弱，振幅小，声音就弱，音量只有65分贝左右。

音长

音长是指声音的长短，它取决于发音体振动的久暂。有时候也叫气长，就是说一口气能说出多少音节。但在有声语言中，音长通常指一个音节的长短。比如，现代汉语普通话中，每个音节的音长一般为0.2~0.4秒。值得注意的是，音长的变化直接影响到言语的速度。比如，老年人说话通常很慢，青年人说话通常较快。

音色

音色是指声音的本质。它决定于声波振动的形式，也就是声波中所含的泛音数目和它们的相对强度。为什么这么说呢？因为人声及一般乐器发出的声音，都是由许多频率不同的声波合成的复音，其中不但含有基音，也含有不少泛音。复音的音高是由基音的频率决定，而复音的音色则由泛音数目及它们的相对强度来决定的。比如，频率为100赫兹的钢琴音调，除1个基音外，还有15个泛音；但同样是频率为100赫兹的黑管，除了相同的1个基音外，仅有9个泛音。结果，由于它们的合成波形不一样，导致演奏出来的音色也不一样。同样的道理，每个人说话的声音不同主要也是因为音色不同而造成的。

不过，造成我们说话音色不同的原因比起乐器来复杂多了，主要原因有三点。

发音体不同：每个人声带的长短、松紧、厚薄不同，从而形成了每个人的音色不同。

发音方法不同：每个人说话时，怎样用气、怎样控制口腔和舌头等方法的不同，从而形成了各人的声音特色。

共鸣器形状不同：每个人的口腔、鼻腔的大小形状都不一样，音色也会随之改变。另外，我们在工作生活中经常听到，有些人夸某某主持人的声音很有磁性，其实，这是因为某某主持人善于利用自己的共鸣腔；有些人夸某某演讲家的声音很有弹性，其实，这是因为某某演讲家善于运用发音方法，让自己的声音更有层次感的缘故；还有一些人评论某人的声音很刺耳、很难听，这是因为某人的发音方法不对，发出来的声音不是乐音而是杂音。

第十章

注重策略，让你口才好到爆

正所谓“水无常形，话无定格”。由于具体情况不同，极简演讲并没有一套固定的方法。同样一件事，在不同的时间、不同的地点对同一个人说，结果往往并不一样。因此，演讲者能够从实际情况出发，让演讲富有策略性就显得十分重要。

极简演讲克服压力的六个策略

在许多人的说话经验中，都对极简演讲存在一种恐惧感，因此恐惧感就成为极简演讲必须设法克服的一种压力。事实上，我们大可不必“如临大敌”般面对极简演讲。广义而言，日常生活中与人会话便是一种极简发言的基本形式。别人说一句，你跟着响应一句，双方你来我往，进行未及事先准备的对话，这件事一般人都认为很轻松平常，为什么一碰到“极简演讲”就认为很困难、很恐惧呢？一般聊天会话属于非正式的“极简发言”，而所谓“极简演讲”则大都是面对众人，场合较为正式的谈话。有了这点认识，再以平日“极简说话”的丰富经验作为基础，相信很多人就能够渐渐降低以往对“极简演讲”所抱的那种已被夸张的恐惧或焦虑了。可以使用以下六个方法来减少演讲的压力。

方法一：搞清楚演讲目的

演讲者要马上依据自己对听众背景和需求的了解，针对演讲主题搞清楚演讲的目的。从信息性、说服性、鼓舞性、娱乐性和社交性等选项中择定演讲的目的。同时，据此急速敲定自己打算呈现的基本立场和核心主题。通常极简演讲都仅有几分钟长，所以必须在很短的时间内把焦点集中在一两点，顶多两三点中。即使一时有很多话可说，也不宜贪多，必须加以取舍剪裁，只挑具有实质意义的重点来说。

方法二："三一律"布局架构

根据演讲现场需要，在时间许可范围内做好演讲内容的布局，演讲结构的一般模式就是古希腊亚里士多德所认定的"三一律"。它由意义各不相同的三个部分即开头、正文、结尾所组成。"三一律"概括了任何演讲稿结构的形式特点。从形式上看，这三个部分各自独立，各有各的意义和作用；从内容上看，则是统一的，是同一个主题、题材和材料在不同部位的表现，要达到的是同一个目的。这里，开头处于演讲稿的重要位置，应该力求迅速引起听众的注意，力避拖沓、冗长和客套；结尾则在于使整个演讲给听众留下一个完整、清晰的概念，力求做到揭示题旨、加深认识、促人深思、耐人寻味，文字不可过长。

方法三：善于利用现场资源

演讲者要善于利用现场各种可用的资源，包括描述现场某些布置所带给你的某些联想，或评述其他刚讲完话的演讲者的某些与你讲题发生巧合关联性的话语。这样做，很容易激发听众的高度兴趣和认同，而且演讲者的机智表现也能有效增强感召力和说服力。一般而言，听众讨厌那些惯于卖弄、喜欢炫耀，总是以自己为中心的演讲者。所以，要想博取听众的好感，可以在现场寻找和利用与观众密切相关的事物，给听众留下平易谦和的印象，从而轻松与听众融为一体。

方法四：养成"站着思考"的习惯

演讲者"站着思考"的习惯能够增进边说边想的才能。倘若来得及的话，可以上台前将几个关键词写在小纸条上，如果时间不允许这么做也没关系，只要心中记牢重点并依序申述就行了。在边想边说的过程中，可以尽量运用联想法、发问法、归纳法、演绎法、对照法、引述法、比喻法和举例法等思维方法，以便扩展“站着思考”的空间，并灵活打通有助于连结讲题的思路。只要讲题不致太过于生涩艰难，大概就能侃侃而谈乃至出口成章了。

方法五：应变有方及时控场

在演讲过程中出现不论是由于自身还是外界环境所致的意外都是难以避免的，我们应该运用一些应变的方法帮助我们及时控场，让演讲达到预期的目的。在演讲中出现忘词的情况时，演讲者可以选择插入几句与演讲相关的话语来帮助拖延时间，回想要讲的内容。比如：“同志们，我刚才的内容表达清楚了吗？如果没有疑问，我们就继续我们的话题。”这个时候就可以先扫视一下听众，如果没有人提出异议便可继续，在此期间可以让自己回想忘记的演讲内容。而出现错误时，演讲者可以选择将错就错。比如，在毕业典礼上的演讲，把“毕业典礼”说成“开学典礼”。“我们相聚在一起迎来开学典礼。”此时，将错就错可以这样表达：“我们相聚在一起迎来开学典礼仿佛还在昨天，而一转眼我们却要各奔东西。”这样既避免了尴尬场面的出现，还丰富了演讲语言。而在外界环境出现突发状况时，演讲者可以围绕主题并结合现场发起一个与听众的互动来控场。例如，在演讲时突然出现停电的现象，演讲者可以说：“我们总是喜欢光亮，因为它给人以希望，但现在我们都陷入黑暗之中，有同学可以告诉我你现在的感受吗？”同学可能纷纷发言，当有同学表达到与今天主题内容有关的内容时，演讲者便可以重申主题并继续演讲。 例如，同学说：“外界的黑暗并不可怕，可怕的是丧失希望之后心里的黑暗。”刚好是与今天的主题相呼应，演讲者就可以说：“很好，所以今天我们要讨论的主题就是《希望的力量》。”

方法六：注重日常多下功夫

演讲者要在平时依照经常强调的“多读书、多思考、多练习、多观摩、多演练”的演讲方法，尽力多下功夫，假以时日，应该就能培养足够的信心和能力，来迎接极简演讲的挑战了。这方面的信心与能力确实要靠长期积累的学养、胆识、眼光和经验才能逐步培育成功。因此，我们可以说，极简演讲是可以而且需要事先准备，而且是有赖一辈子持续不断准备的一门才艺。

提升极简演讲水平的五个魔法公式

好的极简演讲是行走的荷尔蒙，一开口就能让人折服。但它又像一个照妖镜，如果演讲中遇到不懂的话题就胡编乱造，遇到深奥的话题就满口胡言，遇到难搞的话题就语无伦次，那么演讲者读书不多、思考不深、没有逻辑的短板就会被听众看个清清楚楚。所以，极简演讲的功力需要沉淀和积累，一朝一夕提高不了，这也正是它的魅力所在。就像学一门乐器，一个门外汉和钢琴十级选手比赛钢琴演奏，第一个音符出来比赛就结束了。

但既然是功夫，就自然有门道。掌握好下文这五个公式，让你遇到极简演讲时，即使还没想好，也可以有话可讲，甚至边想边讲，边讲边想，不至于无话可说，呆呆站在那里。

散点联想法

散点联想法简单来说，就是将几个看似没有关联的、不相干的词语，通过一定的语言表达方式，巧妙地串联起来，组合成一段话，表达一个完整的意思。比如说到“苹果”，大家会想到什么？可以吃的苹果，乔布斯的苹果公司，被苹果砸中的牛顿……如果你想到水果中的苹果，可以说说吃苹果的好处，苹果的功效等；如果因为苹果而想到苹果公司，想到乔布斯，联想到创新，就可以把苹果和乔布斯关联起来，把苹果跟创新关联起来；如果你联想到了牛顿，联想到牛顿因为被苹果砸了而发现了万有引力定律，这样苹果就和万有引力联系起来。

这就是散点联想法，可以锻炼演讲者的联想能力和想象能力，同时也是提高极简演讲水平的一种训练方法。比如下面三个词：白马、老庄、天空。这三个词并没什么关联，怎么把它们组成一个完整的意思呢？

你可以这样说：

白马在默默地吃草，它的一旁坐着老庄，老庄抬头看着天空。

三个词都用到了，也是完整的一个意思，这是一个比较静态的画面。

你还可以这样说：

老庄无聊地走在河边，突然看见前面有一匹白马，于是他就跑过去骑在白马身上，白马载着老庄越跑越快，最后飞向了天空。老庄就骑着白马四处走，路见不平就拔刀相助，从此，地球上多了一个白马英雄。

这样可以巧妙地把几个不相关的词串在一起，同时还增加了故事性。

在使用和练习散点联想法时，各个词不一定要按顺序来，也不要受现实条件的限制，想象得越丰富，故事情节越有趣越好。刚开始可以从三个词开始，后面可以增加到四个词、五个词甚至更多。难度逐渐增加，同时也可能会带来更加意想不到好玩的、有趣的故事来。通过一段时间的练习，联想能力和想象能力都会得到提升，极简演讲的水平也会提高。

问题—原因—解决方案

一对夫妻商量好了，老婆做饭，老公刷碗。有一天老公没刷碗，于是出现了这样一幕：

老婆：你怎么又没刷碗？

老公：不就忘刷碗了，至于这么大声吗？

老婆：嘿，你自己做错事，还有理了啊……

然后家里就咚锵咚锵咚咚锵锵……

同样一个事情，在另一对夫妻那里是这样的：

老婆：老公，你怎么又没刷碗？

老公：老婆，对不起我忘了刷碗。因为最近太忙了，老想着工作的事，吃完饭就想去工作，就把刷碗这事给忘了。我现在马上去刷碗。下次，吃完饭后你要提醒我一下，这样我就不会忘记洗碗了。同时，我建议我们要不去买台洗碗机吧？它可比我洗得干净，我也不会忘记洗碗，还能节省一些时间。老婆，你说好吗？

老婆听着老公的态度诚恳，建议也是有道理的，就说：这个建议不错，我们就买台洗碗机吧。钱我来出。

上面两种情景，大家都喜欢第二种，这就是极简演讲的魔法公式：问题—原因—解决方案，先把问题阐述一下，然后分析产生问题的原因有哪些，最后针对这个问题，可以采取哪些措施。这个公式在商业和职场的极简演讲中用得非常多。比如你在坐电梯时遇到老板，老板问你为什么3月的销售额下降了。虽然在电梯里的时间很短，但是你如果学会这个公式，就可以轻松地应对你的老板。

老板：为什么3月的销售额下降了？

你：老板，3月的销售额确实下降了一些（陈述问题）。我们也分析了原因，有以下几点：第一，2月过年，大家都在2月买了很多东西，3月买的东西少了；第二，最近销售人员流失率比较大，热情也不够高；第三，竞争对手的新品在3月上市了，抢走了我们一些客户（分析原因）。我们也做出了相应的对策：第一，会协同HR部门，招聘和培训好的销售人员，给销售人员更多激励，调动起积极性；第二，协同研发部门尽快上市我们的最新产品；第三，更深入地研究竞争对手，制定更有吸引力的价格策略（解决方案）。

老板：既然想到了这些方案，那你们就好好干吧，希望4月的业绩能够上去。

这样的话，老板看你不仅知道了问题的存在，还自省分析了原因，而且还已经做出了相对应的解决方案，也就不为难你了，甚至可能以后会更加器重你。

感谢—回顾—愿景

在我们的生活工作中，常常需要出席各种聚会场合，例如：亲朋好友婚礼、朋友生日会、大学毕业××年同学会、颁奖会、公司联欢会、客户答谢会、孩子毕业典礼、家庭聚会、葬礼、同事告别会等。这些场合，有时候会邀请你上台做简短发言，你怎么办？不用怕，放轻松，现在教你一个万能公式，可以让你几乎在所有的聚会场合都能有话可讲。这个公式是：感谢—回顾—愿景。一是感谢。感谢常常用在开头，表示一定的礼节性，比如感谢主持人邀请你发言，感谢主人邀请你来参加聚会等。二是回顾。简单回顾一下以往发生的事情，如果有你跟会场的主人或者在场的其他人之间的情谊往事的会更好。三是愿景。愿景就是表达祝愿、畅想、祝贺、表决心等。

如果用时间来分析这个公式，“感谢”是表示现在，感谢当下的人或事；“回顾”表示过去，回忆过去发生的事情；“愿景”则表示将来，对未来的畅想、祝福、祝愿以及决心行动等。所以，你可以把这个公式简单地理解为：现在、过去和未来。比如参加朋友的婚礼，你是新郎的好友，可以套用这个公式这样来演讲：

首先，感谢婚礼主持人给我这个发言的机会，也特别感谢新郎邀请我来参加他的婚礼。（感谢）

我跟新郎认识十年了，老庄是个非常有毅力的人，我也是在他的影响下开始跑步。老庄也是一个非常靠谱的人，跟他一起合作过几个公益项目，感觉特别放心，所以我觉得新娘你跟老庄在一起也一定会非常安心踏实的。我也见证了老庄和新娘的美好爱情，能深深感受新郎对新娘的爱。(回顾)

最后，祝福新婚夫妇百年好合，早生贵子，最好三年抱俩。也祝福所有在场的朋友们幸福快乐。（愿景）

在婚礼上可以多赞美新郎或新娘的优点，如果你跟新郎和新娘都很熟悉，可以多说说跟他们之间的一些往事，甚至是调侃的玩笑都可以。

观点—原因—案例—结论

在一些极简演讲中，需要我们发表观点，这个时候可以用到这个“观点—原因—案例—结论”魔法公式，即先阐述观点，接着分析原因，再举出案例，最后强调结论。比如针对“该不该在深圳按揭买房”的观点，发表演讲：

观音如果在深圳买房，她在深圳就有了一个落脚点，有一个根据地，可以方便她随时来这里工作。深圳是中国最有活力的城市，甚至是世界上最有活力的城市，房价上涨空间大，以后即使不想在深圳住了，可以把房子卖了，这样还可以赚很多钱。而且按揭买房，不用一下子拿出很多钱，只要付首付就行了。(分析原因)

我的另一个朋友十年前在深圳华侨城买的那套别墅，当时买的才500万元，去年涨到5000万元，后来他卖掉了，把赚到的钱拿出一部分再去投资，剩下的钱在贵州捐建了10所如来希望小学，帮助了很多孩子。(举出案例)

所以，我认为观音应该在深圳按揭买房。(结论)

其中案例很重要，因为有了案例，特别是自己或者身边朋友的例子，就更有说服性。比如针对“学习演讲很重要”的观点发表演讲：

演讲能够让一个人更加自信，演讲可以让人逻辑更加清晰、表达更加清楚，演讲也会让人沟通更加有效，促进在职场中更快升职加薪。(分析原因)

你看老庄那个小子，以前说话都脸红，还经常结结巴巴的，自从学习了演讲之后，现在说话不脸红了，还非常地流畅，居然还去参加了演讲比赛获了奖，而且这两年在工作中每年都加薪两次，比别人多一次。(举出案例)

所以，我认为学习演讲非常重要。(结论)

黄金三点法

黄金三点法，这是一种比较简便的语言组织方法，可以使你在说明情况或表明态度的时候，思路更加清晰。它借助数词或序数词区分讲话的内容，即在讲话中围绕自己要表达的中心意思，运用“1、2、3”数词或“第一、第二、第三”“首先、其次、然后”等序数词来表达，这样讲话，让听众听起来感觉既条理清晰，又简洁明了。比如你去参加各种活动，很可能要被叫去做自我介绍。这时候你可以应用“黄金三点法”来介绍自己。

大家好，我是老庄，老子的老，庄子的庄。我有三个标签：第一个标签“跑步”，我从小就喜欢跑步，到现在已经跑了二十多年了，从2007年开始跑马拉松，到现在也将近跑了十年的马拉松；第二个标签“健身”，我很喜欢健身，差不多有二十年了，小学的时候我就有六块腹肌，现在还坚持健身；第三个标签“演讲”，我很喜欢演讲，我不仅喜欢演讲，现在还辅导别人更好地做演讲。很高兴在这里认识大家，希望能和大家成为好朋友。

由此可见，用三个标签或者三个爱好或者三个特点来介绍自己，让别人更容易记住你。

利用有效控场能力，达成满意的演讲目标

不可否认，同样一篇演讲稿，不同的人讲完效果可能完全不一样。可能是寂静无声，无人应和；也有可能是众声喧哗，混乱不堪；还有可能满堂喝彩，从者如云。所以，演讲的内容是基本盘，而如何对内容进行有效的演绎，才能让一场演讲变成人们愿意听的好演讲，包含的内容很多，其中一个很重要的方面就是控场。

拥有有效的控场能力，可以引导听众更好地参与，让更多的人跟着演讲者的思维，达成最终令人满意的演讲目标。反之，听众全然不听，打瞌睡，玩儿手机等。所以，掌握基础的控场能力，其重要性不言而喻。提升控场能力，可以通过以下三个方法实现。

内容控场法

所谓的内容控场，也就是说在演讲中要避免内容的平铺直叙，可以通过使用提问的方式，设置悬念，引导听众的兴趣，让听众跟着你的思维走。比如假设你今天要做一个健康小科普，讲“维生素C的功能与日常补充”。如果你开场一上来就说：“今天我给大家讲维生素C的功能与日常补充”，估计听众一下就失去兴趣了。这跟一些中学老师讲生物一个套路，那就是一堆知识点扔给你，完全没有套路。所谓“世间真情留不住，唯有套路得人心”，演讲同样需要套路。以这个维生素C为例，你可以这样引导：

大家看电影《加勒比海盗》系列时有没有注意到，几乎所有的海盗嘴里总是有一口烂牙呢？是他们生病了吗？好像他们一个个都挺强壮也都挺能打的，很健康啊。是他们没钱吃不上好东西吗？好像也不是，毕竟海盗嘛，专门干的就是打家劫舍的活儿，不差钱啊。是当时医疗水平太低吗？好像也不是，毕竟同时期的各国海军，牙齿都还挺好看的。那问题出在哪里呢？原来呀，这跟他们的生活习惯特别是饮食习惯有着巨大的关系！大家请看这张电影截图，海盗们日常大吃大喝的场景，大家看看相对于咱们普通人的吃食，他们吃得好不？还不错，全是鸡啊鱼啊肉啊，对吧？少了什么？对，少了蔬菜！蔬菜的营养元素非常丰富，其中有一项跟海盗的烂牙直接相关，是什么呢？对，维生素C！

这段演讲其实就是通过一连串的提问，让观众完全沉浸于演讲者的思维当中。这种情况之下，听众又怎么会不认真听呢。当然，这只是给大家作一个开场的示范，而提问法你完全可以在整个演讲过程中灵活使用，从开场到结尾，效果会非常好。

肢体控场法

肢体动作我们之前讲过很多了，其中包含的内容也不少。包括眼神、走位、手势，这三者都可以有效地起到控场的作用。听众之所以会容易走神，有可能是内容太过枯燥，听众不感兴趣；也有可能是听众没有被关注，而产生一种失落感，进而对内容也失去兴趣。所以，如何让听众觉得被关注呢？眼神、手势和走位都可以有效地让顾客感觉被“关注”。

当你发现有人开始恍神时，你可以适当地增加与对方眼神的交流，面带微笑的同时，眼睛盯着对方，时间可以适当地拉长。如果场地比较大，可以在保持眼神交流的同时走近对方，确保对方能感受到你的关注。当然走近不是走到面前，走得太近会让对方有压迫感，反而可能造成对方的逆反心理。在演讲的开场或者是演讲的过程中，你有可能会特定地提到某些人，这个时候可以眼神与手势并用以增加控场力。比如开场问好时，你的问候可能是这样的："尊敬的各位领导，亲爱的同事们，大家晚上好！"如果说，你全程双手自然落下，眼神直视前方，这样的问好就会显得非常死板，没有生气，更谈不上控场了。

这个时候最好的方式，就是手眼并用。喊到"尊敬的各位领导"时，伸出右手指向斜前方，重音落在"领导"二字上，手势动作也定在这两个字上，同时保证你的眼神是和你的手指向的同一个方向。在喊到"亲爱的同事们"，左手伸出指向左斜前方，重音落在"同事"二字上，眼神同样也看向左斜前方。最后问好，声音上扬，眼神回到中间，双手呈开放姿势，微微上举。乔布斯经常使用这个方法控场，手、眼、口并用，可以有效地增强与听众的交流感。有了交流感，听众自然就愿意听你讲了。

声音控场法

在演讲中，一个人用高昂浑厚的腔调演说，给人的感觉就会比较亢奋和激情。相反，如果用低沉细语的腔调演说，听众的感觉可能是台上的人缺乏自信、底气不足。如果对于一个感动人心的故事，再加以温柔深情的声音表达出来，则可以感人肺腑，深情落泪。所以，为了使演讲产生好的效果，演讲者在演讲中可以通过调整语言、语调、语速、节奏，来控制演讲现场的氛围。比如演讲者声音突然提高一个八度，很可能会让开小差、打瞌睡的人突然惊醒，然后认真听讲；或者突然降低音量，现场慢慢安静下来，交头接耳的人也会停止讲话。

有时候，一些很有气质的人上台演讲，原以为会有一场精彩的分享，结果一说话就暴露了，原因就出在声音上。底气不足，声音乏力。事实上，我们每一个人都应该要相信自己说的每一句话。因为除了自己，没有其他人会毫无保留地相信了。相信自己的话，然后大声地将它表达出来，这就够了。

参考文献

[1] 张海翔.脱稿讲话［M］.广州：广东经济出版社有限公司，2017.

[2] 彼得・迈尔斯，尚恩・尼克斯.高效演讲：斯坦福最受欢迎的沟通课［M］.马林梅，译.长春：吉林出版集团有限责任公司，2013.

[3] 朱迪思・汉弗莱.即兴演讲：掌控人生关键时刻［M］.王克平，译.北京：人民邮电出版社，2018.

[4] 克里斯・安德森.演讲的力量［M］.蒋贤萍，译.北京：中信出版社，2016.

[5] 卡迈恩・加洛.乔布斯的魔力演讲［M］.葛志福，译.北京：中信出版社，2015.

[6] 格雷厄姆・肖.学会演讲：让演讲轻而易举的60个秘诀［M］.王小皓，译.北京：人民邮电出版社，2020.

附录

不同场合下的极简演讲

极简演讲在演讲中的比例非常大，占到了80%以上。大到被临时邀请登上几百上千人的舞台上发言，小到平时的各种面试、遇到老板时被问起工作等，都可以说是极简演讲。极简演讲的最大特点就是未做准备，或者说没有时间准备。同时，即兴演讲在思维的敏捷性、语言的逻辑性和口头表达的雄辩性方面有更高的要求。不管是什么样的场合，都要记住极简演讲的十六字箴言，就是“从容上台”“镇静构思”“热诚发言”及“大方表演”，千万不要令“紧张”这个“捣蛋鬼”把你整个人给控制住。

会议：开宗明义，开场必须要精彩

大家好！

刚才听了王院长一番激情四射的动员报告，相信现场的同事们也和我一样，都被深深地感染和打动了。在此，我代表全院职工表个态。首先，积极响应院领导申报“三甲”的战略目标，坚决拥护院领导为申报“三甲”制订的工作部署和计划，干好工作的责任感和使命感。其次，要锁定目标、坚定信心，确保优质高效地完成各部门应完成的工作，要做到统筹规划、强力组织，确保各部门工作的协调有序。最后，要精细管理、创新举措，在保证现有医疗工作量的基础上，努力工作，不抱怨、不折腾、不怠慢，全力以赴，切实将各项工作目标落到实处，不拖申报工作的后腿。

同事们，我院申报“三甲”的号角已经吹响，计划在眼前，困难在后面，攻坚的阶段尚未到来，相信我们有信心、有能力打赢申报“三甲”这场硬仗。让我们以一流的医疗管理，一流的医疗水平，一流的医疗服务，一流的工作效率，为申报“三甲”做出积极的贡献。

从这段演讲中，我们看到这位领导把会议当成抬高自己威望的机会，从会议开始到会议结束都在向下属表现自己的“讲话水平”“漂亮的套话”。这样的会议没有重点，没有激情，毫无疑问不能激发大家发言，并不能提高工作效率。造成这种现象的原因在于领导把会议当成了“个人秀”。所以，在会议中发言要注意以下几点：

开宗明义，直入会议主题

今天会议的主要内容是传达贯彻国家和省“十二五”规划编制工作会议精神，安排部署我市“十二五”规划编制工作以及扎实推进中央新增投资项目工作。参加今天会议的有：市委常委、常务副市长×××、市政府副秘书长××，各县市区常务副县市区长、发改局长，××示范区负责人，市直有关部门主要负责人以及部分大中型企业负责人等。会议有两项议程：一是请市发改委主任×××同志传达国家和省“十二五”规划编制工作会议精神；二是请市委常委、常务副市长×××同志发表重要讲话。

由这段会议讲话看来，领导要清楚，冗长无趣的会议早已经不适合这个竞争激烈的时代了。今天，开会讲究的是快速入题，不在无关紧要的问题上耗费时间和精力。所谓快速入题，就是说会议要开宗明义，要让参会者明白会议对自己的要求，以及需要达到什么样的目标。通常会前领导应该发给参会者会议的议程表；会议开始时再重申一下会议的目的、议题或任务，以强化参会者对将要谈论的主题的印象，有助于参会者提前思考。

简明有趣，开场白不乏味

一个简明、有趣、直入主题的开场白，是会议高效的重要保证。因为听众会根据第一印象来决定是否聆听你的讲话。独具匠心的开场白，能给听众留下深刻的印象，控制场上的气氛，瞬间吸引听众的注意力，为下面的讲话搭梯架桥。像“大家坐好，现在开会了，今天我要讲三点……”这样的开场白，虽然直入主题，但是单调乏味，是不会引起听众兴趣的。比如某工厂的领导召开职工例会，开场白是这样的：

在开会之前，我要跟大家说一件事。昨天晚上我看电视，一条新闻说昨天咱们市刮大风，七八级的大风把路边的电线杆子都刮倒了。结果，电线杆正砸在十字路口一位年轻人身上。看来，安全意识一刻也不能放松啊。好，今天咱们的主题就是“作业安全”。请大家结合自己的工作实践和经历，谈谈自己的看法，争取找出保障安全作业的方法。

这样的开头，先吸引了大家的注意力，又自然地导出了主题 ，还点明了讨论的重点，非常有助于下一步的会议讨论。

灵活开场，引发听众思考

除了上述这种从相似、相关的话题引入主题之外，提出问题或设置悬念也是开场的好方法。领导可以提出与会议主题相关的问题来吸引参会者的注意，这些问题最好能引发参会者的思考。利用人们的好奇心，设置悬念，从而吸引听众通过倾听去寻找答案。比如下面这个例子：

有位领导参加会议，会场秩序比较混乱，听众对会议不感兴趣，领导上来就赋诗一首：“月黑雁飞高，单于夜遁逃。欲将轻骑逐，大雪满弓刀。”说完后他说：“这是一首有名的唐诗，广为流传，又选进了中学课本。大家都说写得好，我却认为它有点问题。问题在哪里呢？等会儿我们再谈。今天，我要讲的题目是《读书与质疑》……”这时全场鸦雀无声，听众的胃口被吊了起来。

演讲即将结束，领导说：“这首诗问题在哪里呢？不合常理。既是月黑之夜，怎么看得见雁飞？既是严寒季节，北方哪有大雁？……”这样首尾呼应，能加深听众印象，强化演讲内容，令人回味无穷。

由此可见，在会议中，可以根据会议的实际，或讲形势，或提问题，或道特点，灵活开场。但在会议中要明确的一点是，不管开场白怎么独具匠心，其目的就是点明主题，千万不要把会议变成一场“台上唾沫横飞，台下昏昏欲睡”的“个人秀”。

辩论：逻辑缜密，让你攻防自如

某年大旱，粮食收成不好。一位老农到县衙请求减免赋税。县令问："小麦收了几成？"老农答道："三成。"县令非但没有同情反而生气地喊道："年景有七成，你竟敢谎报灾情为三成，胆大包天！"老农思谋了一下道："大人，小老头活了150多岁，从没见过这么严重的灾情呢！"

县令看老农的面貌很是吃惊："你有150多岁？"老农答道："嗯，小老头有72岁，大儿子45岁，小儿子37岁，这样加起来就是150多岁啦！"县令吼道："哪有你这样算年纪的？！"老农反问道："大人，也没有你那样算年成的呀！"县令一下子就无言以对了。

企业或部门间的交流常涉及谈判，谈判口才的高低直接影响着谈判结果。不过，由于谈判与一般的语言有所不同，所以，伶牙利齿的人并非就是谈判水平高的人。很多时候，对方在谈判中会强词夺理，这时候不妨以其人之道还治其人之身，将对方辩到"死地"，让对方"搬起石头砸自己的脚"。如此辩论，对方必定心服口服。那么，要想在辩论中掌控大局，必须修习谈判极简演讲的口才，提升谈判能力。

归谬推论，出其不意

先假定对方的命题是正确的，然后基于此进行推论，将命题推向极端，最后得出荒谬的结论，对方的命题也就不攻自破。这样的即兴辩论可以从根本上战胜对方。

一个富翁死了，妻子想用活奴给他陪葬。富翁的弟弟不赞同。但富翁的妻子坚持道："你哥哥死了，地府无人侍奉，所以要用活奴陪葬。你别阻拦了！"富翁的弟弟想了想道："嗯，的确是嫂子虑事周全，可见嫂子同兄长情谊深厚。但是，既然要用活人陪葬，别人去服侍兄长，我也不大放心，倒不如嫂子亲自去吧，兄长会非常满意的。"富翁的妻子听了只好作罢。

不过，当我们采取这一方法进行辩论演讲时，一定要记住：话题要集中，针对同一件事来谈。如果将两件不相干的事扯在一起，就会失去应有的力量，效果不会太好。

借力打力，以牙还牙

武侠小说中有一招数，名叫"借力打力"，是说内力深厚的人，可以借对方攻击之力反击对方。这种方法也可以运用到辩论中来。比如在关于"知难行易"的辩论中，有这么一个回合：

正方：对啊！那些人正是因为上了刑场死到临头才知道法律的威力。法律的尊严，可谓"知难"哪，对方辩友！（热烈掌声）当对方以"知法容易守法难"的实例论证于"知易行难"时，正方马上转而化之：从"知法不易"的角度强化己方观点，给对方以有力的回击，扭转了被动局势。

这里，正方之所以能借反方的例证反治其身，是因为他有一系列并没有表现在口头上的、重新解释字词的理论作为坚强的后盾：辩题中的"知"，不仅仅是"知道"的"知"，更应该是建立在人类理性基础上的"知"；守法并不难，作为一个行为过程，杀人也不难，但是要懂得保持人的理性，克制内心滋生出恶毒的杀人欲望，却是很难的。这样，正方宽广、高位定义的"知难"和"行易"借反方狭隘、低位定义的"知易"和"行难"的攻击之力，有效地回击了反方，使反方构建在“知”和“行”表浅层面上的立论框架崩溃了。

众所周知，太极拳最重要的特点是“借力打力”，通过转化对方的攻击力来回击对方。这种技巧用到谈判或辩论中也十分有效。当对方说出某些攻击性言论时，可以借助这些言论来组织自己的即兴发言，用对方的力量来说服对方，从而赢得辩论的胜利。

旁敲侧击，引蛇出洞

在日常辩论中，我们要学会换位思考。而学会换位思考的关键在于认清对方的弱点所在。做好了这一点，你的即兴讲话才能讲到点子上。当双方在辩论或谈判过程中陷入僵持状态，无法找到突破口，而对手又是经过训练的从业人员，狡猾异常，他们巧舌如簧，镇定自若时，如果我们强攻，只会自讨苦吃，这时候我们可以试试旁敲侧击，在对方反应过来之前杀他个措手不及。比如：

在“艾滋病是医学问题，还是社会问题”的辩论中，悉尼队死守“艾滋病是由HIV病毒引起的，只能是医学问题”，不管我方如何进攻都不为所动。这时候，我方二辩问道：“请问对方，今年世界艾滋病日的口号是什么？”对方四位选手面面相觑，为了避免失分太多，只好站起来胡乱回答。对方果然回答错误，这时候我方立刻纠正道：“时不我待，行动起来！”就这样，将对方固若金汤的防线打开了一个缺口，可以进一步攻击了。

在辩论这个极简演讲中，这一招就是“引蛇出洞”。经过你的诱导，对方朝着你设定的路线回应，从而进入你的思维逻辑之中。有时候，化被动为主动就这么简单。

演讲：随机应变，让演讲充满魔力

随机应变是领导者在即兴演讲时必须具备的一种重要能力，是有效控场和取得良好效果的重要因素。演讲能巧妙地说理传情，增强讲话的感染力。在演讲进行时，我们也可以靠自己的应变能力处理各种突发事件。

1976年1月8日，周恩来逝世时，设在美国纽约的联合国总部门前的联合国旗降了半旗。这是非常罕见的事，自1945年联合国成立以来，世界上有许多国家的元首先后去世，联合国还没有为谁下过半旗。一些国家感到不平了。当时的联合国秘书长瓦尔德海姆站出来，就在联合国大厦门前的台阶上发表了一次极短的演讲，总共不过一分钟。他说："为了悼念周恩来，联合国下半旗，这是我决定的，原因有二：一是中国是一个文明古国，金银财宝多得不计其数，人民币多得我们数不过来，可是周总理却没有一分钱存款。二是中国有10亿人口，占世界人口的1/4，周总理却没有一个孩子。你们任何国家的元首，如果能做到其中一条，在他逝世之日，总部将照样为他降半旗。"说完，他转身就走，广场上外交官个个哑口无言，随后响起雷鸣般的掌声。

即兴演讲多是在一种激动的场合下进行的，这种时刻没有人乐意听演讲者的长篇大论。因此，短小精练的篇幅和内容才能满足听众的需求。虽然，极简演讲不能像命题演讲那样布局严谨，但也一定要结构合理，要有快节奏的风格和一气呵成的气势。即兴演讲的技巧十分重要，好的极简演讲甚至能影响到一个人的口才、交际、事业等方面。言为心声，要真诚地表达出自己的看法；能说会道，才能让演讲有逻辑、有顺序地进行；神思妙语，才能在演讲中带动听众的情绪。

许多人在极简演讲中难免会紧张，所以要先稳定自己的情绪。在稳定情绪的同时要厘清演讲的思路，做到不慌乱，这样才能游刃有余。下面介绍极简演讲的“三四五法则”。所谓“三四五法则”，即“三定”“四思”“五借”。

三定

一是定话题。首先，要找准自己要表达的话题。因为生活中话题太广泛了，应选择自己想说的、观众想听的、自己能讲的、社会生活需要的话题。**二是定观点。**话题找到后，要学习在话题中快速地找一个你要讲的论点。论点是演讲的核心，观点鲜明才能影响别人、打动别人，如果观点陈旧，或是反动，那主题自然就错了，讲得再好也没有用。**三是定框架。**就是确定演讲的结构，框架模式比较多，比如现象分析框架、活动策划框架等。

四思

“四思”包括逆向思维、纵深思维、发散思维和综合思维四种。逆向思维，是指从相反方向思考问题，即一反传统看法，提出与之相对或相反的观点。纵深思维，即从一般人认为不值一谈的小事或无须作进一步探讨的定论中发现更深一层的被现象掩盖着的事物本质，也就是“透过现象看本质”。发散思维，是指从同一问题中产生各种各样的为数众多的答案，在处理问题中寻找多种多样的正确途径。综合思维，是前面三种思维的综合运用，事实上我们在思考问题时，一般情况下都是将各种思维综合在一起使用的。

五借

要“借”的东西很多，“五借”是泛指，如借题发挥、借人发挥、借物发挥、借事发挥、借景发挥。它要求演讲者要善于观察现场，获取信息。比如，我们可以借一个字来做文章引发下去，谈天说地，围绕这个字尽情地发挥。

采访：灵活应对，切莫出言不逊

当前，媒体在政治生活和社会管理中发挥着越来越重要的作用。人们也有更多的机会与媒体接触，如接受采访、录制访谈节目，甚至召开新闻发布会。但人们与媒体的交往是把“双刃剑”，沟通良好可能对企业和个人形象起到宣传作用，应对不佳则会破坏企业和领导个人的声誉。所以，妥善应对媒体，是人们必备的能力之一。

一位记者傲慢地对法国作家莫泊桑说：“你的小说没什么了不起，不过说真的，你的胡子倒十分好看，你为什么要留这么个大胡子呢？”莫泊桑淡淡地回答：“至少能给那些对文学一窍不通的人一个赞美我的东西。”

由此可见，当面对一些采访中不友好、突发的问题，如果要像莫泊桑一样沉着应对，不妨注意以下几个方面：

有针对性地应对

确定了记者为何采访，想知道什么，要达到什么目的，领导就可以有针对性地准备应对策略了。对于那些能够回答的问题，应该尽量配合记者的采访，有条理、有节制且谨慎地回答记者提问。比如，近来你所在企业的总裁病重，正在住院治疗。你去探望，出来后被记者围着，媒体急于知道总裁的病情。此时，你怎么回答？倘若总裁好转，并且之前曾表示你可以将这一消息发出去以稳定公司的情况，那你就可以告诉记者：“总裁身体无大碍，休养几日便好。感谢媒体记者朋友的关心。”

注意，回答时，要把你认为最重要的内容突显出来。再说次要的，这样可以让记者更准确地把握你的核心意思，不会出现误报。比如，身为一家医院的院长，你所在医院的医生正被社会质疑收受红包，记者问你对此事的看法。这时，你一定要谨慎回答，不要让记者把你的表态当成你对这些行为的辩解，为此引火烧身。好的办法是，先要旗帜鲜明地与不良行为划清界限，表明态度，然后再回到问题上来。

巧妙地回避或拒绝

对于那些不想回答、不能回答、不知道的问题，要巧妙回避或拒绝。比如，一些记者，尤其是外国记者，在提问时往往很犀利，而这些问题又不宜对外界发表或说明事实。在这种情况下，可以让记者说下去，以显示自己的礼貌和坦荡胸怀。然后，在回答时，可以说：“这位记者提出的问题很重要，但很复杂，一时也说不清楚。我接下来又有要事，现在无法回答这个问题。如果大家实在感兴趣，最近我们会召开记者招待会，方便大家了解任何问题。”

如果是你职责以外的，并不清楚的，或是还未有确定证据的问题，你可以说：“对此事，我还不甚了解。等我弄清楚后再回答各位的提问吧！”或者“我知道这些事也是通过新闻报刊，还没各位记者知道的多。所以，我不便发表评论，请大家谅解。”

有时候，记者会对一些个人隐私问题突然提问。此时，可以直接拒绝，说：“对不起，这属于个人隐私范畴，恕我不便发表意见。”这种回答适用于记者的问题是真的，或者一时半会儿说不清对错的。不过，这也可能会造成媒体自行歪曲你的意思，说你“避而不答”，或用小道消息来“补料”。因此，若对方的消息是错误的或者损害了自己的声誉，可以给予辩驳和澄清。驳斥对方，澄清事实，所用的证据一定要真实、有力，这样才会攻破谣言，维护自己的形象。总之，面对突发采访，一定要冷静沉着，控制情绪，保持风度。能回答的问题，配合记者、慎重应答。不能回答的问题，巧妙回避和拒绝。

语速适当，慎重回答

在一些采访中，尤其是电话采访，如果说话语速过快，记者那边可能就听不清楚，而且还会给人留下不稳重、性子急的印象。所以在一些特殊的采访中，一定要发音清楚、语速放慢，在声音上表现自己的自信。如果要说到重点内容，语速更要放慢一些，对关键词可适当强调一下。很多时候，采访会被录音，如果是一些不确定的问题，可以事先询问清楚之后再做准备。不管记者说是否录音，都要做到谨言才不会出错。在回答每个问题之前，都可以稍微停顿一下，整理好思路，不必过多解释，言多必失。此时的沉默，采访记者会主动打破，不必感到压力。

一般情况下，采访时间比较短。不能只顾自己高兴就说个不停，谈个没完。记者不好意思打断，就只能不耐烦地听着，这也影响个人形象。所以，在采访中要适当提醒自己，在所有问题要点解释清楚后，就不要再侃侃而谈了。

应酬：别绷着，否则听众比你还难受

作为现代人，总免不了出入各种应酬场合，当然，也免不了被邀请作些简短的讲话。才能使你在各种应酬场合如鱼得水，能让你从容自如地与各种人打交道，从而促进事业节节攀升，还有可能交到志同道合的朋友。这时怎样通过讲话将现场气氛推向高潮，光大自己的形象呢？掌握下面这些应酬中的极简演讲技巧，可以在应酬场合侃侃而谈，一呼百应。比如以下两篇宴会即兴发言：

第一篇

今天，我们迎来了三年一度的经贸盛会——中国第八届边境、地方经济贸易洽谈会，我谨代表洽谈会筹备委员会，热烈欢迎国内外工商界新老朋友的到来，为了洽谈贸易和经济技术合作项目，加强了解，加深友谊，共同促进我们共同的合作和发展，再次祝各位在本届洽谈会上取得成功。

第二篇

大家上午好，我们满心期待地迎来了中国国际展览会的开幕。今天，我们很高兴能有机会同各界朋友欢聚在一起。我谨代表中国国际贸易促进委员会，对在座的各位朋友的到来表示热烈的欢迎。

中国国际展览会自上午开幕以来，已引起了我市及外地科技人员的极大兴趣。这次展览会在我市举行，为来自全国各地的科技人员提供了良好的经济技术交流机会，让技术共享。我相信，展览会将会进一步推动这一领域相关技术的发展。

今天，各国朋友在此欢聚一堂，我希望来自国内外的朋友积极合作，寻求成功之道，在此希望大家今晚度过一个愉快的夜晚。最后，请大家举杯，为中国国际展览会圆满成功，为朋友的健康，干杯。

一般来说，这种应酬中的即兴发言的内容可以从以下几个方面说起：

以社会热门话题开始

在应酬交际时，我们谈论的话题很广泛，没有什么固定的话题，也无所谓话题的好坏，关键在于根据实际情况，因时、因地制宜，恰当选择，灵活运用，使之真正起到加深了解、加强合作的作用。

一般来说，我们可以选择社会上比较热门的话题，当今时事、新闻、环境等，这些是人们比较关心的问题，由此引出话题自然贴切，能引起双方交谈的兴趣。

从听众生活和职业等入手

人的喜怒哀乐与个人的性格、爱好、生活、隐私有紧密联系，它牵扯着一个人的大脑神经，如果从这些方面入手，表示适当的关心，常常可以进入对方的心灵，引起对方情感上的共鸣。而职业是最易触动对方敏感神经的话题，人们几乎天天在跟自己的工作打交道，也对自己的前途最为关心，你能与他“谈”到一起，你便是他的“同盟”。

感情要真挚而热烈

既然要“应酬”，就应该动真情、吐真言，才能表现自己的真挚、坦诚；

而如果你言不由衷或矫揉造作，就会显得虚情假意，只能引来对方的反感。其实应酬的本身，就是一种言情的方式，就应热烈奔放，热情洋溢，给人以如沐春风的温煦感。而那种薄情寡义、冷冰冰、干巴巴、硬邦邦的言辞是不被听众认同的。而且这种应酬发言，毕竟不是开大会，尽量简短些，决不可像某些领导的会议报告那么冗长。

结尾要有力

心理学中有种记忆现象叫“近因效应”，指的是人们会对结尾的内容记忆效果优于中间部分的记忆效果。也就是说，听众评价一场极简演讲是否出色，很可能取决于他们对于讲话结尾的印象。所以，美国作家约翰·沃尔夫说过：“演讲最好在听众兴趣未尽时戛然而止。”这绝对能给听众留下难以泯灭的印象。比如马丁·路德·金于1963年8月28日在华盛顿林肯纪念堂发表的著名演讲《我有一个梦想》（I have a dream）：

朋友们，今天我对你们说，在此时此刻，我们虽然遭受种种困难和挫折，我仍然有一个梦想，这个梦想深深扎根于美国的梦想之中。

我梦想有一天，这个国家会站立起来，真正实现其信条的真谛：“我们认为真理是不言而喻，人人生而平等。”

我梦想有一天，在佐治亚的红山上，昔日奴隶的儿子将能够和昔日奴隶主的儿子坐在一起，共叙兄弟情谊。

我梦想有一天，甚至连密西西比州这个正义匿迹，压迫成风，如同沙漠般的地方，也将变成自由和正义的绿洲。

我梦想有一天，我的四个孩子在一个不是以他们的肤色，而是以他们的品格优劣来评价他们的国度里生活。

今天，我有一个梦想。我梦想有一天，亚拉巴马州能够有所转变，尽管该州州长现在仍然满口异议，反对联邦法令，但有朝一日，那里的黑人男孩和女孩将能与白人男孩和女孩情同骨肉，携手并进。

今天，我有一个梦想。

我梦想有一天，幽谷上升，高山下降；坎坷曲折之路成坦途，圣光披露，满照人间。

这就是我们的希望。我怀着这种信念回到南方。有了这个信念，我们将能从绝望之岭劈出一块希望之石。有了这个信念，我们将能把这个国家刺耳的争吵声，改变成为一支洋溢手足之情的优美交响曲。

有了这个信念，我们将能一起工作，一起祈祷，一起斗争，一起坐牢，一起维护自由；因为我们知道，终有一天，我们是会自由的。

在自由到来的那一天，上帝的所有儿女们将以新的含义高唱这支歌："我的祖国，美丽的自由之乡，我为您歌唱。您是父辈逝去的地方，您是最初移民的骄傲，让自由之声响彻每个山岗。"

如果美国要成为一个伟大的国家，这个梦想必须实现！

让自由之声从新罕布什尔州的巍峨的崇山峻岭响起来！

让自由之声从纽约州的崇山峻岭响起来！

让自由之声从宾夕法尼亚州的阿勒格尼山响起来！

让自由之声从科罗拉多州冰雪覆盖的落基山响起来！

让自由之声从加利福尼亚州蜿蜒的群峰响起来！

不仅如此，还要让自由之声从佐治亚州的石岭响起来！

让自由之声从田纳西州的了望山响起来！

让自由之声从密西西比的每一座丘陵响起来！

让自由之声从每一片山坡响起来！

当我们让自由之声响起，让自由之声从每一个大小村庄、每一个州和每一个城市响起来时，我们将能够加速这一天的到来，那时，上帝的所有儿女，黑人和白人，犹太教徒和非犹太教徒，耶稣教徒和天主教徒，都将手携手，合唱一首古老的黑人灵歌："自由啦！自由啦！感谢全能上帝，我们终于自由啦！"

在这段演讲中，精彩的结尾，如余音绕梁，让听众印象深刻、难以忘记。所以，应酬中要注意结尾部分够不够有力，只有足够有震憾力，才能让听众久久不能忘怀。

要有明确的提示语

讲话结尾重要的工作就是对整场讲话的主旨进行总结。但这种总结不要"形散而神不散"，而是要"形也不散，神也不散"。在发言开始总结的时候，要给予听众明确的提示语，这种语言会使听众提高警戒，意识到下面要做总结，为此听众会提高注意力。总之，不要草率地做总结，而一定要给予听众明确的总结。

不要在讲话总结中扩大内涵

讲话结尾的总结是为了让听众更进一步理解整场讲话的内容，而不是提出一些新的观点。尽管领导者想提的新观点很有趣，对听众来说非常有吸引力，但还是要按照之前的计划结尾。因为，新观点并不一定符合整场讲话的主旨，而且很可能导致讲话面临超时的风险。对于一场讲话来说，超时绝对是一场事故。

使用激励性语言

讲话高手应该在讲话结尾时用一些具有激励作用的话语把气氛推向高潮。但要注意，激励话语不要空洞无物。简单来说，“让我们携起手来共创美好明天”这样的表述就显得过于平庸。马丁·路德·金《我有一个梦想》的演讲结尾中这样说：“当我们让自由之声响起，让自由之声从每一个大小村庄、每一个州和每一个城市响起来时，我们将能够加速这一天的到来。”这里他用了“村庄”，用了“州”和“城市”这样具象的表述，更能贴近听众的心理需求。